TERESINHA DE JESUS
TRAÇOS BIOGRÁFICOS

Coleção Testemunhas – Série Santos

- *Agostinho, o convertido*, Bernard Sesé
- *Antônio de Pádua: um santo também para você*, Giovanni M. Colasanti
- *Bernadete: a Santa de Lourdes*, René Laurentin
- *Camillo de Lellis: evangelizador no campo da saúde*, Mateo Bautista
- *Clara: a companheira de Francisco*, Rina Maria Pierazzi
- *Dom Bosco: fundador da Família Salesiana*, Robert Schiélé
- *Edith Stein: uma vida por amor*, Vittoria Fabretti
- *Francisco Xavier: pioneiro da inculturação*, Hugues Didier
- *Inácio de Loyola: companheiro de Jesus*, Jorge González Manent
- *João Batista: o precursor do Messias*, René Laurentin
- *Padre Pio: o perfume do amor*, Elena Bergadano
- *Padre Pio: o São Francisco de nosso tempo*, Luigi Peroni
- *Paulo, apóstolo e escritor*, Édouard Cothenet
- *Pedro, o primeiro Papa: traços marcantes de sua personalidade*, René Laurentin
- *São Cristóvão: condutor de Cristo e guia do motorista*, Padre Mário José Neto
- *São João da Cruz: um homem, um mestre, um santo*, Carmelo do Imaculado Coração de Maria e Santa Teresinha – Cotia/SP
- *São Judas Tadeu: o apóstolo da misericórdia de Cristo*, Jorge López Teulón
- *São Pedro: um homem à procura de Deus*, Dag Tessore
- *Teresinha de Jesus: traços biográficos*, Marc Joulin

Marc Joulin

TERESINHA DE JESUS
TRAÇOS BIOGRÁFICOS

Dados Internacionais de Catalogação na Publicação (CIP)
(Câmara Brasileira do Livro, SP, Brasil)

Joulin, Marc
 Teresinha de Jesus : traços biográficos / Marc Joulin. – 8. ed. – São
Paulo : Paulinas, 2010. – (Coleção testemunhas. Série santos)

 Bibliografia
 ISBN 978-85-356-2625-4

 1. Teresa do Menino Jesus, Santa, 1873-1897   I. Título.   II. Série.

10-03131   CDD-282-092

Índice para catálogo sistemático:
1. Santos : Igreja Católica : Biografia   282.092

Título original da obra: *Petite vie de Thérèse de Lisieux*
© 1988, Éditions Desclée de Brouwer, Paris

8ª edição – 2010
5ª reimpressão – 2021

Direção-geral: *Bernadete Boff*
Editora responsável: *Andréia Schweitzer*
Tradução: *Alda da Anunciação Machado*
Coordenação de revisão: *Marina Mendonça*
Copidesque: *Dagoberto José Bordin*
Atualização ortográfica: *Marina Siqueira*
Revisão: *Sandra Sinzato*
Capa e diagramação: *Telma Custódio*

*Nenhuma parte desta obra poderá ser reproduzida ou transmitida
por qualquer forma e/ou quaisquer meios (eletrônico ou mecânico,
incluindo fotocópia e gravação) ou arquivada em qualquer sistema ou
banco de dados sem permissão escrita da Editora. Direitos reservados.*

Paulinas

Rua Dona Inácia Uchoa, 62
04110-020 – São Paulo – SP (Brasil)
Tel.: (11) 2125-3500
http://www.paulinas.com.br
editora@paulinas.com.br
Telemarketing e SAC: 0800-7010081
© Pia Sociedade Filhas de São Paulo – São Paulo, 1995

A primeira infância

Teresa Martin nasce em Alençon, a 2 de janeiro de 1873. O sustento da família é assegurado pelos pais, Luís e Zélia Martin, graças ao artesanato de rendas. Os negócios prosperam, permitindo-lhes desfrutar de razoável conforto. Nasceram nove filhos. Entretanto, como na época a mortalidade infantil fazia muitas vítimas, restaram apenas cinco meninas: Maria, nascida em 1860, Paulina em 1861, Leônia em 1863, Celina em 1869 e finalmente Teresa, a mais nova.

Os Martin formam um casal de católicos convictos e fervorosos. Em sua juventude, ambos chegaram a pensar em seguir a vocação religiosa. As firmíssimas convicções por eles conservadas são transmitidas a suas filhas com simplicidade e profundeza. Os pais costumam ir à missa todas as manhãs bem cedo. E as crianças, desde pequenas, tão logo começam a falar, são também ensinadas a balbuciar as primeiras orações. A dedicação e o apoio aos pobres e doentes são atos que se repetem a cada dia.

Zélia Martin

Luís Martin

Não obstante os lutos sucessivos devidos à morte de duas das meninas – uma das quais com apenas cinco anos – e de dois meninos ainda bebês, a família se mantém serena e feliz. Zélia Martin, muito enérgica e arrojada, trabalha arduamente, lado a lado com suas operárias. O marido, mais discreto, ocupa-se da parte administrativa de seus negócios.

Quanto a Teresinha, agora com três anos, a mãe faz o seguinte comentário, numa carta dirigida a sua irmã: "Teresa possui uma inteligência superior à de Celina, sendo, porém, bem menos meiga, e, sobretudo, de uma teimosia quase invencível. Quando ela diz 'não', ninguém consegue fazê-la ceder. Mesmo que fique trancada na adega do porão durante um dia, prefere dormir lá a dizer 'sim'...".

Quando Teresa nasceu, a casa em que morava a família Martin ficava situada num lugar aprazível e era cercada por um jardim, onde as crianças podiam brincar e correr. Teresa irá conservar para sempre um senso vivo da natureza, o amor às flores, ao belo céu, ao sol. No entanto, esta felicidade tão singela terá uma duração muito breve.

No final do ano de 1876, Zélia Martin descobre estar com câncer no seio. Fala-se em cirurgia, mas já é tarde demais. De Lisieux, onde foi consultar um especialista, Zélia escre-

1876 – Teresa, aos três anos e meio

ve a seu marido: "Coloquemo-nos nas mãos do bom Deus, pois ele sabe bem melhor que nós aquilo que nos convém: ele é quem faz a ferida e quem trata dela".

Continua corajosamente seu trabalho, seja no artesanato de rendas, seja em família, junto de suas filhas. Em junho de 1877, vai a Lourdes com as três mais velhas. Ao voltar, declara: "Não fiquei curada. Ao contrário... Mas não me arrependo de ter ido a Lourdes... Enquanto aguardamos, tenhamos esperança...".

Depois de muitos sofrimentos, suportados com excepcional valentia, Zélia morre a 28 de agosto de 1877.

Teresa, até então a pequerrucha feliz e mimada como caçula da família, com apenas quatro anos de idade, sente-se profundamente chocada. Em seu diário, escrito em 1895, dirigindo-se a sua irmã Paulina, assim se expressa:

> Com a morte de mamãe, meu temperamento feliz mudou por completo. Eu, antes tão vibrante, tão expansiva, tornei-me tímida e dócil, vulnerável a qualquer espécie de exagero. Um simples olhar era o suficiente para me deixar banhada em lágrimas [...]. Entretanto, eu continuava cercada pelo mais delicado carinho. O coração tão terno de papai reuniu ao amor que já possuía antes um amor verdadeiramente maternal! Você [...] e Maria, acaso não foram vocês as mães mais ternas?

Com efeito, de volta dos funerais de sua mãe, as duas pequeninas, Celina e Teresa, lançaram-se nos braços das irmãs mais velhas, Maria e Paulina. Celina dizia a Maria: "Está bem! Você será mamãe!". E Teresa: "Muito bem! Para mim, mamãe será Paulina!".

Isidoro Guérin, irmão de Zélia, e principalmente a esposa dele, a quem as pequenas chamavam Tia Elisa, oferecem-se para ajudar o pobre viúvo na educação de suas cinco filhas. Com o objetivo de facilitar esse relacionamento, Isidoro propõe que a família Martin vá morar em Lisieux, onde residem os Guérin. Luís Martin vende o artesanato de rendas e aluga em Lisieux uma casa que as meninas batizam de *Les Buissonnets.*[*]

Em novembro de 1877, a família inteira se instala na nova moradia.

---

[*] *Buissonnets*: diminutivo de "moitas" ou "arbustos". (N.E.)

"Les Buissonnets"

Enquanto Maria, cheia de coragem, empenha todo o seu esforço para substituir a mãe, Paulina toma mais a peito a educação de Teresa. Leônia, por sua vez, torna-se aluna interna das beneditinas, que dirigem o melhor internato da cidade, onde Celina será semi-interna.

Paulina leva muito a sério sua tarefa e não admite que Teresa seja tratada como criança mimada. Ela tem de se esforçar para superar a ausência da mãe. Mais tarde, Teresa irá afirmar que o período dos 4 aos 14 anos foi, entre todos, o mais doloroso de sua vida:

> Para que eu me sentisse contente, ninguém podia me perturbar nem se aproximar de mim; não conseguia suportar a presença de pessoas estranhas e não reencontrava minha alegria senão na intimidade da família.

Felizmente, o pai a levava para passear com frequência, sendo em especial a bela estação das flores a portadora de maior alegria:

> Eram para mim muito agradáveis aqueles dias em que meu "querido rei" me levava

Les Buissonnets

para pescar com ele. Eu amava extraordinariamente o campo, as flores e os pássaros. Às vezes tentava pescar com meu pequeno caniço, mas preferia permanecer sentada sozinha, sobre o gramado florido. E então, meus pensamentos penetravam profundamente meu ser e, sem sequer saber o que fosse estado de meditação, minha alma mergulhava numa real e autêntica oração.

Paulina ensina-lhe não apenas a ler e a escrever, mas explica também a História Sagrada e o Catecismo. Aos 7 anos, pela primeira vez, Teresa faz sua confissão a um dos Padres da Catedral. Não sentiu qualquer medo ou temor,

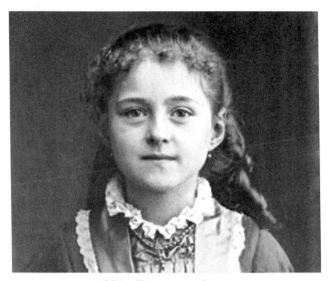

1881 – Teresa, aos 8 anos

uma vez que, para tanto, foi diligentemente preparada por sua irmã mais velha. Por outro lado, foi tomada de grande inveja de sua irmã Celina, pelo fato de ela ter feito sua Primeira Comunhão a 13 de maio de 1880. Isso não lhe seria possível, pois, segundo as normas então vigentes, tinha ainda muito pouca idade.

Em outubro 1881, Teresa reencontra Celina como semi-interna das beneditinas. Ali irá permanecer por cinco anos, sem, todavia, jamais se sentir satisfeita. Mais tarde irá declarar:

> Tenho ouvido dizer muitas vezes que o tempo passado no internato é o melhor e o mais ditoso da vida. Não aconteceu o

mesmo comigo. Aqueles cinco anos vividos lá foram os mais tristes de minha vida. Se, por um lado, não pude ter comigo minha querida Celina, por outro, não consegui passar lá um único mês sem ficar doente, de cama.

Carmelo: o primeiro chamado

É o ano de 1882. Paulina, segunda mãe de Teresa, contando então 20 anos de idade, decide ingressar no Carmelo. Teresa não tinha sido informada e tomou conhecimento da novidade por acaso, através de uma conversa entre Paulina e Maria:

> Foi como se um punhal atravessasse meu coração. Eu não sabia o que era o Carmelo, mas compreendi que Paulina ia me abandonar para entrar num convento, [...] compreendi que ia perder minha segunda mãe!... Ah! Como poderia eu expressar a angústia de meu coração? [...] Chorei lágrimas muito amargas.

Paulina procura consolar sua irmãzinha, explicando-lhe como é a vida no Carmelo. A pequenina compreende apenas o essencial, que se resume no amor a Jesus Cristo, o suficiente para fazer nascer em seu espírito, de imediato, um grande plano:

> Senti que o Carmelo seria o deserto onde o bom Deus queria que também eu me

recolhesse. Eu senti isso com tamanha força que não restou qualquer dúvida em meu coração.

Não se trata de um simples impulso de seguir e imitar sua "mãezinha":

Não era um sonho de criança que se deixa levar, mas sim a certeza de um chamado divino. Eu não queria ir para o Carmelo por causa de Celina, mas exclusivamente por Jesus.

A segunda-feira de 2 de outubro de 1882 acaba por se tornar um dia de tristeza: Paulina ingressa no Carmelo de Lisieux como postulante e recebe o nome de Irmã Inês de Jesus. É acompanhada pela família inteira e nenhuma das cinco irmãs consegue reter as lágrimas abundantes. A partir dessa data, Teresa só poderá ver sua "mãezinha" através das grades de um locutório austero, e a conversa jamais poderá ultrapassar meia hora.

Ela retoma normalmente os estudos junto às beneditinas, mas pouco a pouco seu humor e sua saúde se enfraquecem e se desgastam. Chora por nada, torna-se difícil o entendimento com Celina, sua irmã mais próxima. Faz-se mister que Maria, a mais velha, intervenha com certa severidade.

No dia 25 de março de 1883, Teresa é acometida de tremores e alucinações. É preciso interná-la. O médico que a acompanha está perplexo e muito apreensivo: a menina fica inconsciente, reconhecendo apenas os que estão em volta dela. Aos poucos, porém, vai recuperando a calma, até que, a 6 de abril, consegue ser levada ao Carmelo, para a tomada de hábito de Paulina. Pela última vez, é ainda permitido vê-la sem a interposição das grades, momento em que Teresa cumula sua irmã de carícias. Quão imensa alegria para todos!

Na manhã seguinte, todavia, ocorre uma recaída muito grave... Teresa fica totalmente inconsciente repetidas vezes, como se estivesse desmaiada. Em torno dela, desesperançados diante da impotência da medicina, todos rezam fervorosamente. A 13 de maio de 1883, dia de Pentecostes, Maria, Leônia e Celina põem-se de joelhos diante de uma estátua da Virgem Santíssima, por elas colocada no quarto da doente. Teresa tem plena consciência dessa presença, conforme ela própria relata:

> Não havendo encontrado recurso algum sobre a terra, a pobre Teresinha voltou-se para a Mãe do Céu, implorando de todo o seu coração que tivesse piedade dela. De repente, a Virgem Santíssima me pareceu bela, tão bela que jamais vi nada tão lindo:

seu rosto transparecia uma bondade e uma ternura inefáveis, mas o que, de modo especial, tocou profundamente minha alma foi seu sorriso encantador. Naquele instante, todas as minhas aflições se desvaneceram e duas grossas lágrimas brotaram de meus olhos e correram silenciosamente sobre minhas faces. Mas eram lágrimas de pura alegria... Ah! – pensei – a Virgem Santíssima sorriu para mim! Como estou feliz!...

Teresa se restabelece e retoma de imediato sua vida normal. Entretanto, receando alguma recaída, todos procuram poupar-lhe emoções ou contrariedades. Ela volta para o internato somente em outubro, após venturosas férias passadas com seu pai em Alençon, onde ele conservava numerosos amigos.

Frágil adolescência

Um dia muito esperado: 8 de maio de 1884, data em que Teresa faz sua Primeira Comunhão, para a qual teve que se submeter a uma preparação, segundo os usos da época, marcada por extremo fervor religioso. Isso permitiu imaginar que tal entusiasmo não teria passado de mero fervor de caráter sentimental, pois um compromisso verdadeiro não seria próprio de uma garotinha de 11 anos.

Ela foi levada a praticar centenas de sacrifícios e a proferir outras tantas invocações piedosas. Teve de ouvir sermões terríveis sobre o inferno e o sacrilégio, dos quais, felizmente, quase nada reteve em sua memória. O grande momento havia, enfim, chegado. Para ela, é um dia de verdadeira alegria:

Eu me sentia amada e dizia igualmente: "Eu vos amo, eu me entrego a vós para sempre. Nada de indagações, nem lutas, nem sacrifícios. Decorrido tanto tempo, Jesus e Teresinha haviam se entreolhado e compreendido... Naquele dia, já não era mais um olhar, e sim uma fusão. Já não eram dois! Teresa havia desaparecido, como a gota d'água se perde no meio do oceano. Teresa não pedira que a despojasse da liberdade, se bem que sua liberdade lhe causava medo. Ela se sentia tão fraca, tão frágil, que queria unir-se para sempre à força divina.

Naquela época, as pessoas comungavam raramente. Não obstante, Teresa obtém de seu confessor permissão para fazê-lo com mais frequência e ela não dispensa um recurso tão ardente quanto o é a Eucaristia, na qual encontra sempre alegria imensa. Apesar disso, atravessa uma grave crise de consciência. Maria, irmã que se tornou sua confidente habitual, ajuda-a a dominar aos poucos essa fraqueza.

Teresa prossegue em seus estudos com certa facilidade:

> Eu era muito bem-sucedida em meus estudos e quase sempre ficava em primeiro lugar. Os maiores sucessos eram obtidos em História e Linguagem. Todas as minhas professoras me tinham na conta de uma aluna muito inteligente. O mesmo, porém, não acontecia com meu tio, para quem eu não passava de uma pequena ignorante, boa e meiga, sensata no julgamento, mas incapaz e inábil.

1886 – Teresa, aos 13 anos

A boa aluna, a garotinha meiga anda agora, mais do que nunca, suscetível às lágrimas. Ela própria reconhece isso:

> Eu andava realmente insuportável, devido à minha sensibilidade excessiva: em razão disso, se me acontecesse causar involuntariamente qualquer desgosto a uma pessoa de minha estima, em vez de me sentir superior e parar de chorar – pois o choro agravaria minha falta, ao invés de diminuí-la –, eu chorava feito uma Madalena, e quando começava a me conformar e me consolar pelo acontecido, voltava a chorar por haver chorado... Qualquer argumento seria inútil e eu não conseguia me corrigir desse desagradável defeito.

Em março de 1886, Luís Martin decidiu, finalmente, retirar sua filha do colégio das beneditinas, onde sua saúde dava motivo a novas inquietações. Sua instrução será completada através de aulas particulares.

Uma vocação que se solidifica

Aos 14 anos, Teresa parece ainda muito criança, apesar da estatura alta, que ultrapassa a de todas as suas irmãs. Sua sensibilidade está cada vez mais viva. Em agosto de 1886, é a vez de Maria: aos 26 anos, quer também ingressar no Carmelo. Após a partida de Paulina, para a jovem irmã, isso significa o mesmo que reabrir uma ferida. Por outro lado, Leônia, que acaba de completar 23 anos, faz uma experiência com as clarissas de Alençon, com quem não ficará mais que dois meses. Sua saúde frágil não consegue resistir ao regime de extrema pobreza das Filhas de Santa Clara. No entanto, Maria persevera, tornando-se Irmã Maria do Sagrado Coração, no Carmelo de Lisieux, onde fora recebida como postulante a 15 de outubro.

E assim, no Natal de 1886, Luís Martin tem como companhia suas três filhas mais novas, uma vez que Leônia, doente, retorna aos *Buissonnets*. Após a missa da meia-noite, a família irá proceder à tradicional troca de presentes. Teresa colocou seus sapatos diante da chaminé, tal como fazia quando pequenina. O pai, um tanto cansado, não consegue deixar de demonstrar sua irritação por esse gesto pueril. "Felizmente, este é o último ano", diz ele a Celina. Depois de subir a escada para vestir o casaco, Teresa entende. Já com os olhos cheios de lágrimas, é aconselhada por Celina a não tornar a descer, para não estragar a ceia. Teresa, porém, não atende. Enxuga rapidamente seu pranto e, sorridente, desce para procurar seus presentes. Algo de inesperado sucede e ela irá atribuí-lo à ação da graça de Deus: a partir desse momento, ela mantém sangue-frio e sua sensibilidade não a afetará senão em circunstâncias graves. Ela própria considera esse pequeno incidente de grande importância:

> Nesta mesma noite em que Jesus se fez sofredor e fraco por meu amor, tornou-me forte e corajosa, abasteceu-me com suas armas e, depois desta noite abençoada, não fui mais vencida em combate algum; ao contrário, avancei de vitória em vitória, dando início, por assim dizer, a uma corrida de gigante! A fonte de minhas lágrimas secou e assim permaneceu, para só se abrir raras vezes e muito dificilmente...

Teresinha recuperou a força interior que havia perdido aos quatro anos e meio para, a partir daí, conservá-la para sempre!

> Senti a caridade entrar em meu coração, a necessidade de esquecer a mim mesma

para dar prazer aos outros, e desde então eu fui feliz.

O ano de 1887 representa para Teresa o florescimento físico, intelectual, moral e espiritual. Ela continua recebendo aulas particulares de uma professora da cidade e se dedica muito à leitura. Assiste diariamente à missa. Rezar é para ela um ato fácil e agradável. Medita frequentemente a obra austera e profunda intitulada *Imitação de Cristo*, de Tomás de Kempis, mas procura também desenvolver sua cultura religiosa. As aulas do bondoso capelão das beneditinas não foram muito longe e Teresa se sente feliz por encontrar uma boa síntese teológica numa obra emprestada pelas carmelitas, que ela lê e medita assiduamente em companhia de Celina, pois a intimidade entre as duas irmãs passara a ser muito profunda.

A partir dessa época, sua vocação para a vida contemplativa cria raízes e se solidifica:

Eu sentia em meu coração impulsos até então desconhecidos. Vivia, por vezes, verdadeiros transportes de amor. Certa tarde, não encontrando como dizer a Jesus que o amava e o quanto eu desejava que ele fosse amado e glorificado por todos, pensei com pesar que ele jamais poderia receber um único ato de amor provindo do inferno.

1888 – Teresa, aos 15 anos,
com o cabelo preso em forma de coque,
para obter uma aparência mais séria e adulta

Disse, então, ao bom Deus que, para lhe agradar, eu consentiria de bom grado em lá ser mergulhada, para que ele fosse eternamente amado nesse lugar de blasfêmia... Quando se ama, tem-se vontade de dizer mil loucuras.

Em julho, Teresa ouve falar de Henrique Pranzini, um criminoso condenado à morte por triplo assassinato, incluindo o de uma criança. Ela se põe a rezar para salvar a alma desse miserável, que não demonstra remorso algum por seu crime hediondo:

> Eu disse ao bom Deus que tinha plena certeza de que ele perdoaria o pobre infeliz Pranzini; que eu acreditava nisso, mesmo que ele não se confessasse e não desse qualquer sinal de arrependimento, tamanha era minha confiança na misericórdia infinita de Jesus, mas que eu havia pedido uma única mostra de arrependimento, apenas para meu consolo...

Essa prece é ouvida: ao pé do cadafalso, a 31 de outubro, Pranzini pede um crucifixo e beija-o duas vezes. A jovem conclui que sua vocação consiste, de fato, em ingressar no Carmelo, a fim de rezar e doar toda a sua vida pelos pecadores.

Sobre tal vocação, já falou com o pai a 29 de maio. Ele sonha com o maior sucesso para sua preferida, a quem sempre chama ternamente de "pequena rainha", mas mesmo assim deixa-se, finalmente, convencer. Ele havia dado também seu consentimento para que Leônia fizesse uma nova experiência de vida religiosa na Visitação de Caen. No Carmelo de Lisieux, Paulina aprova o desejo de sua irmã caçula de entrar imediatamente para o mosteiro. Maria prefere que ela espere um pouco, mas Paulina se une, assim como toda a comunidade, ao desejo expresso por Teresa. Contrariamente, o Tio Guérin, que se tinha encarregado da tutela das sobrinhas, pede-lhe que espere até completar 17 anos. Paulina insiste junto a seu tio e acaba por dobrá-lo. Existe ainda um obstáculo da maior importância: o Carmelo tem um superior que representa o Bispo e cujo consentimento é indispensável. Mas ele se recusa terminantemente a aprovar a admissão de uma postulante de 15 anos.

Levado pela insistência da filha e diante de seu desgosto, Luís Martin concorda em encaminhá-la a Bayeux, para falar com o Bispo. Teresa muda o penteado, prendendo o cabelo em forma de coque, na tentativa de obter uma aparência mais séria e adulta. O Bispo, no entanto, não se apressa em conceder a autorização. Vai refletir e consultar outras autoridades. À saída, Teresa não consegue reter as lágrimas, apesar de todos os propósitos de coragem:

> Parecia que o meu futuro estava destruído para sempre. Quanto mais me aproximava do objetivo, mais obstáculos surgiam, provocando confusão. Minha alma estava imersa na amargura, porém em paz, pois eu não buscava senão fazer a vontade do bom Deus.

De Roma ao Carmelo

Alguns dias mais tarde, exatamente a 4 de novembro de 1887, Luís Martin parte para uma grande viagem com destino à Itália, acompanhado de suas filhas Celina e Teresa. Eles se reúnem, em Paris, a um grupo de peregrinos composto de aproximadamente duzentas pessoas, entre as quais inúmeros sacerdotes, que vão a Roma prestar homenagem ao Papa Leão XIII. Nem mesmo o aspecto turístico foi negligenciado: os peregrinos passam por Milão, Veneza, Pádua, Florença e Loreto, só chegando a Roma no dia 13 de novembro. A estada deve durar 10 dias. Celina e Teresa estão entusiasmadas com as memórias dos mártires e a visita a numerosas igrejas, catacumbas e monumentos.

Teresa tem um grande plano, por cuja concretização ela reza sem cessar, em união com as carmelitas de Lisieux: ela vai pedir ao Papa a permissão para ingressar no Carmelo com 15 anos. No domingo, 20 de novembro, um grupo de peregrinos franceses é recebido em audiência por Leão XIII. Após a missa celebrada pelo Papa, tem início um longo desfile. Teresa é uma das últimas do grupo das mulheres a passar diante do Santo Padre. Ajoelhada diante do Pontífice – um ancião de 77 anos, muito cansado –, Teresa lhe dirige a palavra, balbuciando:

– Santíssimo Pai, tenho uma grande graça a vos pedir.

O Papa volta-se para o Padre Révérony, vigário-geral de Bayeux, que presencia a cena.

– Não compreendo muito bem – diz-lhe.

– Santíssimo Pai – diz o Padre –, é uma criança que deseja entrar no Carmelo com apenas 15 anos, mas os superiores estão examinando o assunto.

– Pois bem, minha criança – diz o Papa –, fazei o que os superiores vos ordenarem.

– Oh! Santíssimo Pai, se vós disserdes sim, todos concordarão também.

– Vamos, vamos, entrareis, se assim o quiser o bom Deus.

A conversa termina. Teresa está em prantos. Dois guardas ajudam-na a levantar-se. Ela sente uma enorme decepção. Na mesma tarde, ela escreve a Paulina:

Tenho um grande coração. Apesar disso, o bom Deus não pode exigir de mim provas superiores às minhas forças... Eu sou a pequena bola do Menino Jesus. Se quiser destruir seu brinquedo, ele é totalmente livre; sim, eu quero, acima de tudo, o que ele quer.

Começa a viagem de regresso. Em Nice, Padre Révérony promete a Teresa apoiar seu pedido junto ao Bispo.

A 3 de dezembro, a família inteira está de volta a Lisieux. Será preciso esperar até 12 de janeiro para receber a resposta do Bispo de Bayeux. Para dar a resposta definitiva, ele se reporta ao pronunciamento da priora do Carmelo, Madre Maria de Gonzaga. Preocupada em poupar a jovem postulante da austeridade do inverno – as celas das irmãs não dispõem de qualquer tipo de aquecimento –, assim como dos rigores da Quaresma, fixa a data de sua entrada para o mosteiro para segunda-feira, dia 4 de abril de 1888, festa da Anunciação.

Naquela manhã, os Martin e os Guérin assistem à missa das 7 horas na capela do Carmelo. Teresa faz a narrativa:

> Tão logo Jesus desceu ao coração de meus queridos parentes, em volta de mim só ouvia soluços. Eu era a única que não vertia uma só lágrima. Todavia, senti meu coração bater com tal violência que me parecia impossível avançar um passo, quando alguém

fez sinal para avançarmos até a porta do convento. Oh! Que momento indescritível! Somente experimentando, para se saber o que é... Minha emoção não se manifestava externamente. Depois de abraçar todos os membros de minha família querida, ajoelhei-me diante de meu incomparável pai para pedir-lhe a bênção. Para me abençoar, ele próprio se ajoelhou também e me deu a bênção chorando. Conseguira finalmente realizar meus desejos e minha alma gozava de uma paz tão doce e profunda que seria impossível descrever e, a partir de então [...], esta paz íntima me acompanha constantemente, não me abandonando sequer em meio às provas mais difíceis.

O Carmelo de Lisieux

O Carmelo de Lisieux foi fundado em 1838. Trata-se de um edifício modesto, cuja construção de tijolos nada apresenta de excepcional, a não ser um recinto interno, contendo um verde prado e um enorme crucifixo. Nele existe também um vasto jardim com uma linda alameda ladeada de castanheiras, onde as Irmãs podem respirar o ar puro e se descontrair durante a primavera.

Na cela que lhe foi destinada desde o ingresso no Carmelo, Teresa irá não apenas dormir, mas também passar inúmeras horas rezando e trabalhando na solidão. É um cômodo de aproximadamente dois metros de largura por menos de quatro metros de comprimento. A mobília compõe-se de apenas um leito, um banquinho e, num dos cantos, uma bacia e uma jarra com água.

A parte principal do convento é, para as Irmãs, o local denominado "coro", que fica na capela, na parte que não é aberta ao público nem mesmo aos sacerdotes. O coro fica situado à direita do altar, do qual é separado por uma enorme grade. Aí as Irmãs passam, diariamente, entre cinco e seis horas em oração.

O Carmelo de Lisieux, em 1894

O ofício litúrgico não é cantado solenemente, mas apenas recitado em sua íntegra, o que dura cerca de duas horas. As carmelitas dedicam uma hora completa à oração, todas as manhãs e todas as noites. Santa Teresa d'Ávila, a quem todos os Carmelos têm como protetora, considerava essa longa meditação silenciosa de extrema importância, tanto assim que a estabeleceu como característica primeira da sua ordem.

Após a recitação do ofício, as carmelitas assistem diariamente à missa e à bênção do Santíssimo Sacramento, sendo que esta última ocorre principalmente nos dias festivos. Elas se deitam bem tarde, por volta das 22h30, após a recitação do ofício mais longo do dia: as matinas. Tal uso contrasta com o costume da

O claustro

maior parte dos mosteiros, em que esse ofício é celebrado ao romper do dia. Santa Teresa, no entanto, quis que suas filhas consagrassem a melhor hora do dia ao silêncio da oração.

O silêncio, aliás, é uma constante na casa inteira. Não obstante, é interrompido duas vezes ao dia, ou seja, durante as recreações comunitárias, após as refeições. Nessas ocasiões, as Irmãs mantêm o mais das vezes as mãos ocupadas com algum trabalho de costura, e permutam seus objetos entre si, livre e alegremente.

O restante do dia é dedicado ao trabalho manual, à conservação da casa e do jardim, sem esquecer a horta, havendo também produtos que são vendidos fora, para garantir a sobrevivência da comunidade. Na época de

Teresa, os trabalhos destinados a esse fim constavam especialmente de bordados e de pinturas representando imagens piedosas.

A clausura é muito rigorosa. As Irmãs renunciam a qualquer saída do mosteiro, mesmo que estejam doentes. Nenhuma pessoa estranha à comunidade pode ser convidada a adentrar o recinto. As visitas não são permitidas a não ser no locutório, constituído por uma grande sala formada de duas partes separadas entre si por uma pesada grade fechada. A própria grade é protegida ainda por uma cortina, que se abre exclusivamente para pessoas da família. Tais medidas de precaução têm sua origem no século XVI, época em que havia muita insegurança nas cidades da Espanha, onde Santa Teresa d'Ávila fundou seus primeiros mosteiros. Posteriormente, no entanto, passaram a ter um valor essencialmente simbólico: abandono do mundo e penitência.

Quando Teresa entra no Carmelo de Lisieux, a comunidade é formada por 26 religiosas. A Priora é Madre Maria de Gonzaga, mulher de grande valor humano e religioso, porém um tanto ciosa de sua autoridade. As Irmãs têm verdadeira veneração pela velha fundadora do mosteiro, Madre Genoveva de Santa Teresa, que todas consideram uma santa. A mestra das noviças, Irmã Maria dos

Anjos, reúne diariamente suas quatro noviças ou jovens professas, entre as quais a irmã mais velha de Teresa, Irmã Maria do Sagrado Coração. Sua outra irmã, Paulina, agora Irmã Inês de Jesus, passa a desempenhar um papel importante na comunidade, pois muito em breve será designada para substituir Madre Maria de Gonzaga.

Noviça
(1888-1890)

Teresa ingressa no Carmelo para amar a Jesus. Aí vivendo, ela entendeu muito bem o espírito de Santa Teresa, segundo o qual, tudo, na vida de suas filhas, deve estar subordinado ao amor do Senhor e endereçado a ele. Esta é, com efeito, a vida de 26 mulheres em busca da santidade. Longe, porém, de ser efetivamente conseguida no dia a dia. Madre Maria de Gonzaga, talvez por estar demasiado preocupada em evitar que a jovem postulante se transforme na "criança mimada" da comunidade, não hesita em humilhá-la de diversas formas. Disso Teresa irá conservar recordações um tanto dolorosas:

> Nossa madre, quase sempre doente, encontrava tempo para se ocupar de mim. Eu sei que ela me amava muito e falava todo o bem possível a meu respeito. Entretanto, o bom Deus permitiu que ela, sem o saber, fosse severa demais...

Nos trabalhos manuais, Teresa é lenta e desajeitada, e a tal Irmã anciã, ainda muito ativa, não vacila em fazê-la compreender que ela não serve para nada. Enquanto isso acontece, suas irmãs Paulina e Maria mantêm a tendência de se considerarem as "mãezinhas" de sua irmã caçula e sua solicitude, por vezes, corre o risco de se tornar um peso para Teresa, absolutamente consciente da necessidade de se empenhar como adulta responsável por si mesma.

Apesar de tudo, a jovem noviça está feliz. E escreve:

> Esta felicidade não era, de modo algum, uma felicidade efêmera. Não poderia ser confundida com "as ilusões dos primeiros dias". Ilusões, graças ao bom Deus, quando entrei para o Carmelo não tive uma sequer. A vida religiosa era tal qual havia imaginado, nenhum sacrifício me abalou, e mesmo assim meus primeiros passos encontraram mais espinhos do que rosas.

A prova mais difícil vem de onde ela jamais esperava: de seu pai. Luís Martin assume um comportamento estranho: desaparece de *Buissonnets* sem avisar ninguém, tendo sido encontrado tarde da noite perambulando por Le Havre; tem perdas de memória, fala coisas sem nexo e sua sanidade mental está a ponto de ruir, apesar dos desvelos de Celina e das consultas aos psiquiatras. Ainda lhe é possível assistir à

1889 – Teresa noviça

profissão de Teresa, realizada a 10 de janeiro de 1889. Todavia, poucos dias mais tarde, após violenta crise, teve que ser internado num asilo de Caen, onde permanecerá por três anos.

Teresa está transtornada:

Sim, o sofrimento alçou seus braços e eu me arremessei com amor... O que eu vim fazer no Carmelo, eu o declarei aos pés de Jesus-hóstia, no exame que precedeu minha profissão religiosa: "Vim para salvar as almas e especialmente para rezar pelos sacerdotes". Minha atração pelo sofrimento crescia gradativamente, na proporção em que aumentava. Durante cinco anos, foi este o caminho que eu percorri. Nada havia que deixasse transparecer meu sofrimento, tanto mais doloroso quanto mais sozinha eu estava para enfrentá-lo... Eu tinha sede de sofrer e de ser esquecida.

Sua esperança, entretanto, jamais arrefeceu:

Após termos sido saciados na fonte de todas as amarguras, seremos deificados no manancial de todas as alegrias...

A oração – que antes da entrada para o convento constituía sua felicidade – agora se torna penosa. As noites, no Carmelo, são curtas. Ela não dorme o tempo suficiente e acontece-lhe de cochilar durante a oração. Mas ela reage energicamente, sobretudo na fé:

> Já que Jesus quer dormir, por que o haverei de impedir? Considero-me feliz por ele não se incomodar comigo.

Concluído o ano de noviciado, Madre Maria de Gonzaga a considera demasiado jovem para ser admitida à profissão, ou seja, para pronunciar os votos que a ligarão definitivamente à ordem do Carmelo. Teresa deverá continuar ainda por mais oito meses no noviciado. Ela se sente frustrada, mas aceita tranquilamente como sendo a vontade de Deus:

> Sim, quero ser esquecida não apenas pelas criaturas, mas também por mim mesma... A glória de meu Jesus: eis tudo! Pela minha própria glória, eu a abandono nele e se ele parece me esquecer, considero isso normal, pois ele é livre e já não existo por mim, mas sim por ele... Ele espera por mim, muito mais do que eu espero por ele.

No decorrer da Quaresma de 1890, Teresa descobre através da liturgia os significativos textos de Isaías a respeito do Servo sofredor, anunciando e esclarecendo a paixão de Jesus,

1889 – Teresa noviça

assim como todo o sofrimento humano. Pouco depois, escreve a Celina:

> As palavras de Isaías constituem a base de minha devoção à Santa Face, ou, melhor dizendo, a base de toda a minha piedade.

Ela se dedica igualmente, com grande interesse, à leitura de um autor que não era nem um pouco apreciado nos Carmelos franceses da época, porque o consideravam muito difícil: São João da Cruz, companheiro de Santa Teresa d'Ávila na reforma do Carmelo. João da Cruz, o doutor e cantor do amor de Cristo. Sua inspiração se faz notar numa carta de Teresa a sua prima Maria Guérin:

> Quanto a mim, não conheço outro caminho para chegar à perfeição, senão o amor. Amar: é a melhor resposta para os anseios do nosso coração! Procuro, por vezes, outra palavra para exprimir o amor. Todavia, nesta terra de exílio, as palavras são impotentes para traduzir as vibrações da alma; deste modo, é preciso restringir-se a esta única palavra: amar!

A 28 de agosto de 1890, Teresa entra finalmente em retiro, a fim de se preparar para a profissão religiosa. Durante dez dias, permanece em silêncio completo, sendo também dispensada de certos trabalhos, a fim de consagrar o mais integralmente possível seu tempo à oração, que é o fundamento da vocação carmelita. Durante esses dias de oração e de meditação, Teresa enfrenta grandes dificuldades:

> Longe de me proporcionar consolações, o retiro que precedeu minha profissão ocasionou, ao invés, a mais absoluta aridez que, aliada a um abandono quase total, constituíram-se no meu quinhão. [...] Penetrei como num subterrâneo onde reina total indiferença, onde eu nada vislumbro a não ser uma claridade à meia-luz. A claridade difunde a seu redor a imagem da face de meu Noivo, com os olhos baixos. Ele nada me diz e eu também nada lhe digo, a não ser que o amo mais do que a mim. Não havia ainda perpassado meu pensamento sequer uma única dúvida quanto à minha vocação. Era preciso que eu passasse por essa prova. À noite, ao fazer a via-sacra após as matinas, minha vocação me pareceu uma quimera. As trevas tomaram conta de mim a tal ponto que eu já não via e não compreendia senão uma coisa: que eu não tinha mais vocação!... Ah! Como descrever a angústia de minha alma?

Não obstante, as inquietações da noviça se abrandaram. A 8 de setembro, Irmã Teresa do Menino Jesus da Santa Face – este será seu nome daqui para a frente –, irá pronunciar seus votos.

> Na manhã de 8 de setembro, senti-me inundada por um manancial de paz, e foi mergulhada nesta mesma paz, que se sobrepunha a qualquer sentimento, que pronunciei meus santos votos... Minha união com Jesus ocorreu não em meio a raios e relâmpagos, ou seja, através de graças extraordinárias, mas em meio a um suave zéfiro, semelhante ao que nosso Pai, santo Elias, percebeu sobre a montanha...

A profissão religiosa de uma carmelita realizava-se, então, em duas cerimônias distintas. A primeira, em que ela se empenha através dos votos, tem lugar na clausura e é presenciada exclusivamente pela comunidade. A segunda é realizada na capela, diante da família e dos amigos da jovem religiosa. Esta segunda cerimônia consiste, principalmente, na recepção do véu preto, que substitui o branco, usado pelas noviças. Teresa recebe o véu preto a 24 de setembro. Ela se entristece pela ausência do pai, que não pôde sair de Caen.

> Foi uma amargura, uma tristeza total. A paz, entretanto, e sempre a paz, encontrava-se no fundo do cálice.

Dois anos de silêncio

(1891-1892)

Compete agora a Teresa enfrentar o cotidiano da vida monástica. Ela empenha nisso todo o seu amor, assim como o faz também, e principalmente, nas pequenas coisas do dia a dia:

> Gostava de dobrar os casacos esquecidos pelas irmãs em alguma parte, e de bom grado lhes prestava todos os pequenos serviços que estavam a meu alcance.

Torna-se auxiliar da sacristia e a encarregada lhe confere gentilmente o cognome de "a irmãzinha Assim seja".

A oração pelos sacerdotes se intensifica. Mais particularmente, ela ouve falar de um ancião religioso carmelita, Jacinto Loyson, que abandonou a Igreja, casou-se e se dedica a fazer conferências veementemente criticadas nos meios católicos. Teresa reza e faz com que sua irmã Celina, com quem mantém assídua correspondência, também reze por aquele a quem ela chama "seu irmão".

Não deixemos nunca de rezar; a confiança opera milagres.

Ela recorre igualmente a Celina para que providencie um pequeno volume contendo os Evangelhos e as cartas de São Paulo, uma vez que, na época, as carmelitas não possuíam Bíblia. Contrariamente aos costumes de então, ela encontra alimento para sua oração diretamente no texto do Evangelho, mais do que em piedosos comentários:

> Nele encontro tudo quanto é necessário à minha pobre e pequenina alma. Nele descubro sempre novas luzes, desvendando sentidos ocultos e misteriosos.

Em outubro de 1891, a pregação do retiro é feita por um franciscano, Padre Prou, homem simples e generoso. Teresa, habitualmente reservada com seus confessores, fala-lhe com simplicidade. Depois de poucas palavras, percebe que ele não só compreende seu íntimo, mas até adivinha o que nele se passa:

> Minha alma era como um livro em que o Padre lia melhor do que eu mesma. Ele me pôs a navegar a todo o pano sobre as ondas da confiança e do amor, que me atraíam com tanta força, mas sobre as quais eu não ousava avançar. Ele me disse que minhas

faltas não desagradavam ao bom Deus, e, colocando-se em seu lugar, disse, da parte de Deus, que estava muito contente comigo... Oh! Como fiquei feliz quando escutei isso! Jamais tinha ouvido dizer que as faltas podem não desagradar ao bom Deus e isso me encheu de alegria [...]. Bem no fundo de meu coração, eu sentia que isso era verdade, pois o bom Deus é mais terno do que uma mãe [...]. Sou de uma natureza tal que o temor me faz recuar; com o amor, porém, não somente ando, mas voo...

No inverno de 1891-1892, o frio foi rigoroso. A gripe tomou conta da comunidade. Em dezembro, morre a velha Madre Genoveva de Santa Teresa, fundadora do mosteiro. Teresa a admirava muito. Considerava-a uma santa,

[...] não em grau inimitável, mas uma santa que assim se tornara por virtudes ocultas e comuns. Jesus vivia nela, fazendo-a agir e falar. Ah! Aquela espécie de santidade me parecia a mais verdadeira, a mais autenticamente santa e exatamente a que eu desejo, para não me deparar com ilusões.

Certo domingo, Madre Genoveva havia dito a Teresa: "Minha filhinha, sirva a Deus na paz e na alegria. Lembre-se, minha criança, de que nosso Deus é o Deus da paz". Teresa, ao recordar-se disso, acrescenta:

> Eu saí comovida até às lágrimas. Aquele dia foi de uma provação extrema, quase triste, numa noite tal que eu já não sabia se era amada por Deus; no entanto, a alegria e a consolação que tornei a experimentar, vocês podem adivinhar...

Na primeira semana de janeiro, uma após outra, morrem três irmãs até que quase toda a comunidade fica doente. Teresa é poupada e, com seus 19 anos recém-completados, enfrenta a situação com coragem e sangue--frio. Juntamente com sua irmã Maria e mais uma noviça, transformam-se de improviso em enfermeiras e cozinheiras, velam as defuntas e organizam seus funerais. Nesta circunstância dramática, o mesmo superior que tempos antes se opusera energicamente à entrada de Teresa no mosteiro reconhece publicamente seu valor. "Daqui para a frente", afirma ele, "ela representa uma grande esperança para esta comunidade".

A nova Priora: Madre Inês

(1893-1896)

A Priora que dirige a comunidade no Carmelo é eleita por três anos, renováveis uma vez, findos os quais, tem que ceder o lugar a outra irmã. Madre Maria de Gonzaga termina seu mandato em fevereiro de 1893. Teresa é ainda muito jovem para participar da eleição, mas sua alegria é muito grande ao saber que as eleitoras escolheram sua irmã Paulina, Madre Inês de Jesus. Na mesma noite, envia-lhe um afetuoso bilhete:

> Minha querida Madre, como é doce para mim poder dar-lhe este nome!... Este é um lindo dia para sua filha.

No entanto, Madre Inês tem apenas 31 anos e enfrentará grandes dificuldades para governar a comunidade. Tanto mais que a forte personalidade de sua antecessora virá frequentemente contrapor-se a suas iniciativas. Teresa é muito sensível e inteligente para não pressentir tais tensões. No mesmo bilhete, escreve à sua irmã: "Sem dúvida, irá sofrer...". Com efeito, nem sempre Madre Inês conseguirá conter as lágrimas.

1894 – Teresa e suas irmãs,
com Madre Maria de Gonzaga

A nova Priora confia o noviciado à Madre Maria de Gonzaga e nomeia Irmã Teresa como adjunta. Esta deixa o cargo que ocupava na sacristia, para entregar-se a trabalhos de desenho e pintura. Madre Inês sugere-lhe, enfim, que experimente compor canções, ou mesmo poesias, que as irmãs gostam muito de cantar ou ouvir durante as recreações, principalmente nos dias festivos.

Luís Martin, paralítico, ladeado por suas filhas Celina e Leônia e pelo casal de empregados que cuidam dele

Passado o mês de maio de 1892, Luís Martin retorna a Lisieux. Bastante enfraquecido fisicamente, é acolhido pela família Guérin e especialmente por suas duas filhas, Celina e Leônia. Ele só consegue fazer uma única visita ao locutório do Carmelo, onde apenas balbucia algumas palavras. Leônia, no entanto, prepara-se para ingressar no mosteiro da Visitação, em Caen. Celina, que também está pensando em seguir a vida religiosa, sente-se muito só, junto de seu velho pai doente, e Madre Inês autoriza Teresa a escrever-lhe com frequência. A intimidade entre as duas irmãs, já grande até então, aprofunda-se ainda mais. Teresa está convencida da vocação carmelitana de sua irmã, e deste modo assim lhe escreve com perfeita tranquilidade, no verão de 1893:

Como é fácil agradar a Jesus! Basta amá-lo sem olhar a si mesmo, sem se deter demais nos próprios defeitos [...]. Jesus não me ensina a calcular meus atos: ele me ensina a fazer tudo por amor, a nada lhe recusar [...]; e isso tudo se realiza na paz, no abandono. Quem faz tudo é Jesus e eu nada faço.

No final de maio de 1894, Luís Martin é atingido por um grave ataque que o deixa parcialmente paralisado, após o que é acometido por uma crise cardíaca, vindo a falecer serenamente a 29 de julho. As filhas acompanharam angustiadas as evoluções da doença. Apesar disso, decorridas algumas semanas, Teresa assim se expressa, ao escrever a Leônia:

A morte de papai não produziu em mim o efeito de uma morte, mas de uma verdadeira vida. Eu o reencontro após seis anos de ausência, sinto-o em volta de mim, olhando-me e me protegendo.

A 14 de setembro, Celina se reúne a suas três irmãs no Carmelo. Isso não ocorreu sem que houvesse certa oposição, visto não ser um fato costumeiro receber quatro irmãs num mesmo convento. Santa Teresa d'Ávila se opunha até mesmo ao recebimento de três. Não obstante, os superiores acabam por concordar com esta "violação" dos costumes e a

1895 – Grupo de Comunidade

comunidade inteira acolhe com alegria a jovem candidata, com relação à qual todos sabem o quanto levou a sério e com que devotamento cuidou de seu pai. Teresa está fora de si:

> O mais íntimo de meus desejos, o maior de todos, o que eu imaginei jamais ver realizado, era justamente a entrada de minha querida Celina no mesmo Carmelo que nós [...]. Agora já não me resta desejo algum senão o de amar Jesus até a loucura...

Para Irmã Teresa do Menino Jesus, nunca falta trabalho. Atualmente, as noviças são quatro e, com a chegada de uma nova postulante, que mais tarde receberá o nome de Irmã Maria da Trindade, Teresa deixa de ser a mais jovem

1895 – Festa do Bom Pastor

da comunidade. É preciso orientar as noviças todos os dias, com delicadeza, mas com firmeza, ponderando sempre, todavia, a suscetibilidade de Madre Maria de Gonzaga como mestra em exercício, de quem Teresa é simplesmente uma auxiliar, muito embora grande parte dessa responsabilidade recaia sobre ela. E eis o paradoxo: cabe a Teresa aconselhar Celina, sua irmã mais velha, em quem anteriormente ela própria tanto se apoiou!

Além de tudo, tem, no momento, muito o que escrever e compor, especialmente peças breves, destinadas a apresentações que no Carmelo são denominadas "recreações piedosas". Havia já composto uma quinzena de canções e poesias. Mesmo assim, Madre Inês pede-lhe textos novos para o Natal de 1894 e também para a festa de Santa Inês, a ser celebrada no mês de janeiro. Teresa escreve, para esta última data, uma verdadeira peça em versos, tendo como tema o martírio de Joana d'Arc. Os versos são medíocres e as rimas pobres. Mas, em contrapartida, as palavras que a autora empresta à heroína são portadoras de rara e profunda emoção. O papel de Joana é representado pela própria Teresa, evidenciando que ela se identifica integralmente com sua heroína, especialmente quando, por exemplo, põe em sua boca as seguintes palavras: "Eu não tenho senão um desejo: o de vos ver, meu Deus. Morrer por vosso amor, e nada mais".

É também nessa época que, certa noite, durante a recreação, Teresa evoca algumas recordações de *Buissonnets* diante das irmãs. Irmã Maria do Sagrado Coração, voltando-se para Madre Inês, questiona: "Como é possível que você lhe permita compor versos e poemas para agradar a umas e outras e não nos escreva nada sobre suas lembranças da infância?". Depois de alguma hesitação, a Priora determina à sua jovem irmã: "Eu lhe ordeno que me escreva todas as suas recordações da infância".

Teresa irá obedecer. Um pequeno caderno escolar e um lápis – eis uma escrivaninha improvisada, sobre seus joelhos. Ela escreve sob a forma de uma longa confidência feita à

1895 – Teresa no papel de Joana D'Arc

Madre Inês. Fala de si, indubitavelmente, mas fala, sobretudo, de Deus e da maneira como ela reconhece a intervenção divina em sua vida.

Para essa tarefa, Teresa dispõe de muito pouco tempo: à noite, após a última oração comunitária do dia, à luz de uma lamparina a querosene, ou no domingo, desde que estejam cumpridos os trabalhos manuais. Pouco a pouco, até janeiro de 1896, durante um ano inteiro, portanto, seis pequenos cadernos são preenchidos. A primeira leitora, entusiasta de longa data, é Celina.

Serão esses mesmos cadernos que irão formar, após a morte de Teresa, a primeira parte da *História de uma alma*, a autobiografia que a tornou célebre no mundo inteiro. Não obstante isso, Teresa havia dito a Celina:

Eu não escrevo para produzir uma obra literária e, sim, por obediência.

Um caminho simples e reto

Teresa ingressa no Carmelo com o grande desejo de se tornar uma santa. Toma como modelo Santa Teresa d'Ávila ou ainda Joana d'Arc. Entretanto, tem consciência não só de sua incapacidade de fazer uma oração como Teresa d'Ávila, como também da impossibilidade de viver uma vida tão heroica quanto a de Joana.

A cada dia que passa, considera-se sempre mais imperfeita e bem distante de seus sonhos:

Sempre desejei ser uma santa, mas, ai de mim! Desde que comecei a me comparar aos santos, sempre constatei que entre mim e eles existe a mesma diferença que entre uma montanha, cujo pico se perde nos céus, e o obscuro grão de areia, pisado pelos transeuntes. Ao invés de desanimar, disse a mim mesma: o bom Deus não inspiraria desejos irrealizáveis. Eu posso, portanto, apesar da minha pequenez, aspirar à santidade. Tornar-me maior é impossível. Tenho que me suportar tal qual eu sou, com todas as minhas imperfeições.

Quero encontrar um meio de ir para o céu por uma vereda simples e bem reta, bem curta, uma vereda simples e inteiramente nova. Vivemos num século de invenções. Atualmente, já não é preciso fatigar-se para subir os degraus de uma escada. Os ricos substituem vantajosamente essa lide por um elevador. Eu também gostaria de encontrar um elevador que me fizesse subir até Jesus, pois sou muito pequenina para galgar a íngreme escada da perfeição. Busquei nos livros santos a maneira como encontrar o elevador, objeto de meus desejos, e li as seguintes palavras saídas da boca da Sabedoria Eterna: "Quem for criança, venha a mim..." (Pr 9,4). Então eu vim, imaginando haver encontrado o que eu buscava e desejando saber, ó meu Deus, o que faríeis com toda criança que respondesse a vosso chamado. Prossegui em minhas buscas e eis o que encontrei: "... Os seus lactentes serão levados ao colo e acariciados sobre os joelhos. Como alguém que é consolado pela própria mãe, assim eu vos consolarei" (Is 66,12-13).

Constata-se, por vezes, nestas palavras de Teresa, alguma afetação. Mas, verdade seja dita, sua linguagem é marcada pelo estilo exageradamente rebuscado de seu meio e de sua época. O abuso de adjetivos e de comparações ingênuas

1895 – Teresa (segurando uma ampulheta), suas noviças, Madre Maria de Gonzaga e Madre Inês de Jesus

ou floreadas não deve, todavia, dissimular a força e a clareza da doutrina. Ao proclamar-se "criança", Teresa está exatamente traduzindo o Evangelho: "Bem-aventurados os pobres em espírito". A pequenez de Teresa é justamente a pobreza em espírito, que Jesus proclamou bem-

1895 – A comunidade fazendo a limpeza

-aventurada, e cuja consequência imediata é a confiança plena naquele que é o único Salvador. Na proporção em que cada qual reconhece seu pecado, sua pobreza, sua fraqueza, sua pequenez, nesta mesma medida cada qual sente necessidade de ser salvo, libertado, amado e, consequentemente, recorre àquele, que pode tornar livre, forte de sua própria força, rico de seu dom gratuito, amado por seu próprio amor. Levada por um instinto espiritual muito seguro, Teresa reencontra a intuição concernente à graça, de conformidade com os ensinamentos de São Paulo e de Santo Agostinho, tornando-a acessível a um grande público.

    Sobrepondo-se a todos os temores, a todas as formas de jansenismo, ela reafirma o primado da confiança, que nada mais é do que uma forma da esperança teologal.

Teresa explica-o com clareza, repetidas vezes:

> É preciso permanecer sempre pobre e sem forças e exatamente aí está a dificuldade, pois onde encontrar um autêntico pobre de espírito? "É preciso procurá-lo bem longe", afirmou o salmista. Ele não disse que deve ser procurado entre as grandes almas, mas "bem longe", isto é, na humildade, no nada. Ah! Fiquemos bem longe de tudo quanto brilha, amemos nossa pequenez, amemos o nada sentir, então seremos pobres de espírito e Jesus virá nos procurar, tão longe quanto estivermos, e nos transformará em chamas de amor... Oh! Como eu queria fazê-los entender o que eu sinto!... A confiança, e nada além da confiança, nos deverá conduzir ao amor...

Teresa se conscientiza cada vez mais de que o que dela se requer é a disponibilidade nas mãos de Deus e não a realização de obras, por mais importantes que sejam:

> Mesmo que eu tivesse realizado todas as obras de São Paulo, ainda assim me consideraria serva inútil, e é justamente o motivo

da minha alegria, pois, nada possuindo, tudo receberei do bom Deus.

E quando pensa em sua própria morte, da qual pressente não estar muito distante, assim escreve num texto, cujos termos são rigorosamente medidos (seu ato de oferenda ao amor misericordioso de Cristo):

Ao cair da noite desta vida, aparecerei diante de vós com as mãos vazias, pois jamais vos pedi, Senhor, que fossem computadas as minhas obras. Todo ato de justiça por nós praticado apresenta máculas a vossos olhos. Quero, pois, revestir-me de vossa própria justiça e receber de vosso amor a posse eterna de vós mesmo.

Uma oferenda ao amor

Teresa ingressa no Carmelo por amor a Cristo. Jamais duvida de sua vocação, mas chega a se sentir atormentada por desejos contraditórios. A exiguidade de seu claustro chegou até a lhe parecer, por vezes, um entrave à imensidão de seus desejos. Ela, porém, reage vigorosamente e com uma profundeza que combina com a genialidade:

> Apesar de minha pequenez, eu queria iluminar as almas. Tal como os profetas, os doutores, tenho vocação de apóstola [...]. Mas, acima de tudo, ó meu bem-amado Salvador, eu queria verter meu sangue por ti, até a última gota... Sinto, no entanto, que também nesse caso meu sonho é uma loucura; eu não me limitaria a desejar apenas um gênero de martírio. Para me satisfazer, seriam necessários todos... Na oração, meus desejos me faziam sofrer um verdadeiro martírio. Abri as cartas de São Paulo para procurar alguma resposta [...]. Li que todos podem ser apóstolos, profetas, doutores etc., que a Igreja é composta de diferentes membros e que o olho não pode ser a mão ao mesmo tempo... A resposta

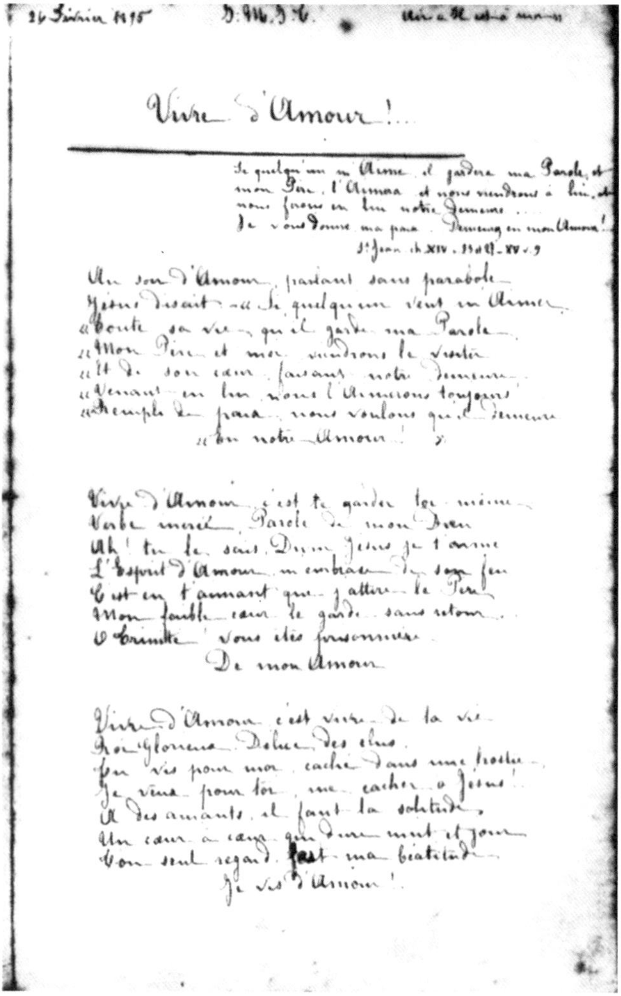

26 Février 1895 D.M.J.T.

Vivre d'Amour!...

Si quelqu'un m'aime, il gardera ma Parole, et mon Père l'aimera et nous viendrons à lui, et nous ferons en lui notre demeure...
Je vous donne ma paix... Demeurez en mon Amour!
St Jean ch. XIV. 23 et 27 - XV. 9

Au soir d'Amour, parlant sans parabole
Jésus disait: « Si quelqu'un veut m'aimer
« Toute sa vie, qu'il garde ma Parole
« Mon Père et moi viendrons le visiter
« Et de son cœur faisant notre demeure
« Venant à lui, nous l'aimerons toujours!
« Rempli de paix, nous voulons qu'il demeure
« En notre Amour! »

Vivre d'Amour, c'est te garder Toi-même
Verbe incréé, Parole de mon Dieu
Ah! tu le sais, Divin Jésus je t'aime
L'Esprit d'Amour m'embrase de son feu
C'est en t'aimant que j'attire le Père
Mon faible cœur le garde sans retour.
O Trinité! vous êtes prisonnière
De mon Amour

Vivre d'Amour, c'est vivre de ta vie
Roi glorieux, Délice des élus.
Tu vis pour moi, caché dans une hostie
Je veux pour toi me cacher, ô Jésus!
À des amants, il faut la solitude,
Un cœur à cœur qui dure nuit et jour
Ton seul regard fait ma béatitude
Je vis d'Amour!

Fac-símile de uma poesia

estava clara, mas não preenchia meus desejos, não me trazia paz. Sem desanimar, continuei a leitura e esta frase me aliviou: "Aspirai aos dons mais elevados. E vou ainda mostrar-vos um caminho incomparavelmente superior" (1Cor 12,31). E o apóstolo explica como todos os dons, ainda os mais perfeitos, nada são sem o amor... Que a caridade é o caminho excelente, que conduz seguramente a Deus. Encontrei, finalmente, o sossego... Considerando o corpo místico da Igreja, identifiquei-me com cada um dos membros descritos por São Paulo, ou melhor, eu queria me reconhecer em todos... A caridade me deu a base, a chave de minha vocação. Compreendi que, possuindo a Igreja um corpo, composto de diferentes membros, não lhe faltariam os mais necessários, os mais nobres de todos. Compreendi que a Igreja possuía um coração e que este coração estava ardendo de amor. Compreendi que somente o amor move os membros da Igreja à ação, que se o amor se extinguisse, os apóstolos não mais anunciariam o Evangelho, os mártires se recusariam a derramar seu sangue... Compreendi que o amor abrange todas as vocações, que o amor é todas elas, que ele abarca todos os tempos e todos os lugares... Numa palavra, que ele é eterno! E então, no excesso de delírio de minha

1896

alegria, escrevi: Oh, Jesus, meu amor! Finalmente encontrei minha vocação. Minha vocação é o amor!...

Foi neste estado de espírito que Teresa concebeu, a 9 de junho de 1895, a ideia de se oferecer como vítima ao amor misericordioso de Deus. Em que consiste isso? Ela própria dá a explicação:

> Eu pensava nas almas que se oferecem como vítimas à justiça de Deus, a fim de desviar, atraindo-os para si, os castigos reservados aos culpados.

Tal atitude é adotada a partir do século XVII por numerosas pessoas dedicadas à vida espiritual. Teresa a entendeu como um meio de expressar sua vontade de pertencer inteiramente a Deus, descartando, porém, a ideia de substituir aqueles pecadores oprimidos pela justiça rigorosa de um Deus vingador. Seu único desejo é dirigir-se àquele amor que perdoa sem jamais se cansar, ao amor misericordioso. Assim sendo, reserva a expressão "vítima de holocausto" para significar a totalidade de sua oferenda interior e a plenitude de seu dom, excluindo toda e qualquer possibilidade consciente de voltar atrás. Eis alguns dos fragmentos mais significativos deste magnífico texto:

Oh, meu Deus, Trindade bem-aventurada, desejo vos amar e vos fazer amar [...]. Desejo ser santa, mas sinto minha impotência e vos peço, meu Deus, que sejais vós mesmo minha santidade [...]. Para viver num ato de perfeito amor, ofereço-me como vítima de holocausto a vosso amor misericordioso. Suplico-vos que me consumais sem cessar, deixando transbordarem em minha alma ondas de ternura infinita que estão contidas em vós e que assim eu me torne, oh, meu Deus, mártir de vosso amor... Após me haver preparado para comparecer diante de vós, que este martírio me faça, enfim, morrer e que minha alma se envolva sem demora no eterno abraço de vosso misericordioso amor... Desejo, ó meu bem-amado, renovar esta oferenda a cada palpitar do meu coração, um número infinito de vezes até que, dissipadas as sombras, possa enfim vos reafirmar meu amor, num face a face sem fim!

Entretanto, não se vá acreditar que os arrebatamentos místicos propriamente ditos, que de tempos em tempos submergem Teresa, façam com que ela esqueça as humildes realidades da vida cotidiana:

Quanto mais me uno a Jesus, mais amo todas as minhas irmãs, principalmente quando o demônio experimenta colocar diante de meus olhos os defeitos desta ou daquela irmã que me é menos simpática. Empenho-me em descobrir suas virtudes, seus bons desejos. Repito para mim mesma que se a vi cair uma vez, pode muito bem ser que conte com um grande número de vitórias e o esconda por humildade.

Teresa relata um episódio simples e de pequena importância em si, todavia bem característico de sua atitude costumeira na comunidade, tanto assim que foi descrito em depoimentos de muitas das irmãs, após sua morte:

Havia na comunidade uma Irmã que tinha especial talento para me desagradar em

1895 – A comunidade na hora da recreação

tudo: seus modos, suas palavras e seu caráter me pareciam muito desagradáveis. Apesar de tudo, trata-se de uma santa religiosa que deve ser muito agradável a Deus. De outro lado, não querendo ceder à antipatia natural que eu sentia, disse a mim mesma que a caridade não deve consistir em sentimentos, mas em obras. Empenhei-me, então, em fazer para esta Irmã o que faria pela pessoa de quem eu mais gostasse. Cada vez que a encontrava, rezava a Deus por ela e oferecia a ele todas as virtudes e merecimentos dela [...]. Diligenciava por prestar-lhe todos os serviços que me eram possíveis e quando sentia a tentação de lhe responder mal, contentava-me em lhe dar meu mais amável sorriso e procurava desviar a conversa. Frequentemente, também, durante as horas de trabalho, havendo qualquer atividade a desempenhar junto com esta Irmã, tão logo minhas lutas interiores se tornavam mais violentas, fugia como um desertor. Como ignorava por completo o que eu sentia por ela, jamais suspeitou dos motivos da minha conduta, persuadindo-se de que seu caráter me era agradável. Certo dia, no recreio, ela me disse mais ou menos estas palavras, com um ar muito feliz: "Minha Irmã Teresinha do Menino Jesus, pode me dizer o que tanto a atrai em mim? Cada vez que me olha, eu a vejo sorrir!". Ah! O que me atraía! Era Jesus oculto no fundo de sua alma... Jesus, que torna doce o que há de mais amargo... Eu respondi que lhe sorria por estar contente em vê-la.

Teresa inundou o pequeno Carmelo de Lisieux com essa caridade fraterna e cotidiana. Em outubro de 1895, Madre Inês propõe a Teresa ajudar de um modo muito especial, através de sua oração, um seminarista de 21 anos, Maurice Bellière, que pretende partir para a África. Teresa aceita o pedido com alegria e, apesar de se mostrar muito discreta frente a frente com o jovem clérigo, põe-se a rezar intensamente por ele, e oferece ao Senhor toda sorte de pequenos sacrifícios do dia a dia pelo futuro missionário.

Mais tarde, em maio de 1896, Madre Maria de Gonzaga irá confiar a Teresa outro "Irmão" sacerdote, o Padre Adolfo Roulland, das Missões Estrangeiras de Paris, que se prepara para ir para a China. O jovem sacerdote celebra uma de suas primeiras missas no Carmelo e conversa com Teresa, no locutório. Ela considera este encontro, bem como a correspondência que se segue, uma ocasião maravilhosa para demonstrar ser filha da Igreja e participar do ardor de conquista de Santa Teresa d'Ávila, a qual ambicionava que o zelo de uma carmelita abraçasse o mundo.

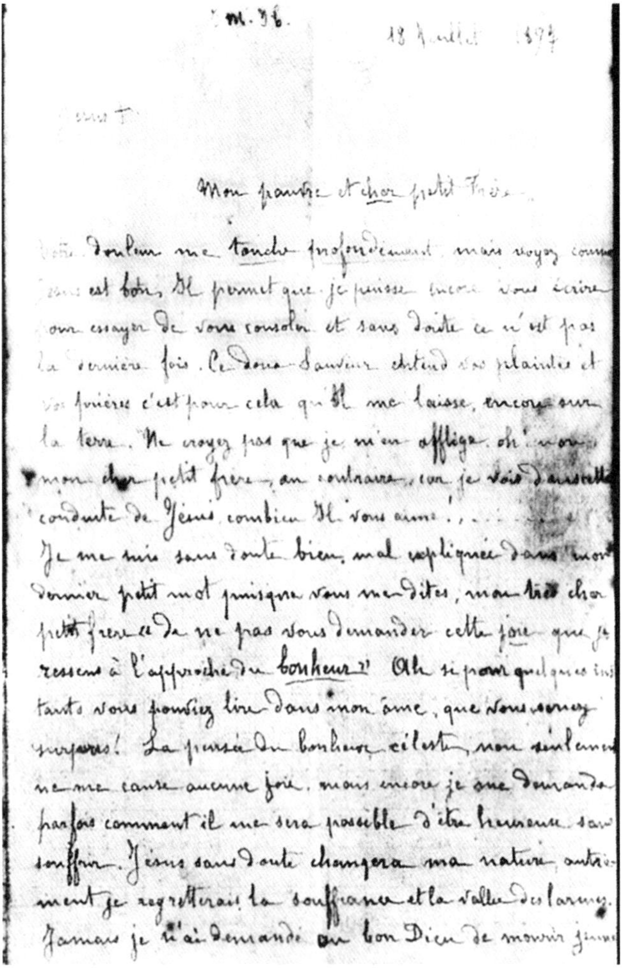
M. 36.

18 Juillet 1897

Mon pauvre et cher petit Frère,

Votre douleur me touche profondément mais voyez comme Jésus est bon, Il permet que je puisse encore vous écrire pour essayer de vous consoler et sans doute ce n'est pas la dernière fois. Ce doux Sauveur entend vos plaintes et vos prières c'est pour cela qu'Il me laisse encore sur la terre. Ne croyez pas que je m'en afflige. oh! non mon cher petit frère, au contraire, car je vois dans cette conduite de Jésus combien Il vous aime!...

Je me suis sans doute bien mal expliquée dans mon dernier petit mot puisque vous me dites, mon très cher petit frère « de ne pas vous demander cette joie que je ressens à l'approche du bonheur » Ah si pour quelques instants vous pouviez lire dans mon âme, que vous seriez surpris! La pensée du bonheur céleste, non seulement ne me cause aucune joie, mais encore je me demande parfois comment il me sera possible d'être heureuse sans souffrir. Jésus sans doute changera ma nature autrement je regretterais la souffrance et la vallée des larmes.

Jamais je n'ai demandé au bon Dieu de mourir jeune

Fac-símile de uma carta ao Padre Bellière

Reeleição de
Madre Maria de Gonzaga
(1896)

Celina, Irmã Genoveva da Santa Face, completa seu tempo de noviciado e deve pronunciar seus votos. Entretanto, na qualidade de mestra das noviças, Madre Maria de Gonzaga propõe o adiamento da cerimônia. Com efeito, Madre Inês está para terminar seu mandato quase na mesma data e Madre Maria de Gonzaga sabe muito bem que algumas Irmãs pretendem reeleger a mesma Priora, a qual, por sua vez, gostaria muitíssimo de presidir a cerimônia de profissão de Irmã Genoveva. As quatro irmãs Martin sentem-se ofendidas com estes cálculos mesquinhos, principalmente Celina que, como é natural, também gostaria de fazer sua profissão na data normal, presidida por sua irmã mais velha, Madre Inês. O assunto se espalha em surdina pela comunidade e, por uma única vez, Irmã Teresa, habitualmente tão discreta, explode num brado de indignação: "Existem provas que não temos obrigação de dar!". Ela aceita a injustiça para si, mas não para as demais pessoas. A controvérsia, finalmente, se harmoniza e a situação volta a

1896 – Teresa e Irmã Genoveva (Celina)

serenar. Irmã Genoveva faz sua profissão a 24 de fevereiro, diante de Madre Inês e recebe o véu preto a 17 de março. Maria Guérin, sua prima, recebe o hábito neste mesmo dia e passa a chamar-se Irmã Maria da Eucaristia.

A 21 de março de 1896, as 16 religiosas que chegaram para o capítulo reúnem-se para eleger a nova Priora. Teresa não participa, visto haver nas regras uma norma proibindo que mais de duas irmãs da mesma família tomem parte na votação. A eleição é demorada: são necessários sete turnos de votação. Madre Maria de Gonzaga é finalmente eleita. Teresa se sente terrivelmente frustrada, mas jamais o demonstra. Muito ao contrário, ela irá dedicar a sua Priora não apenas total obediência, mas ainda profunda afeição. Dará provas de grande delicadeza, bem como de senso diplomático, pois Madre Maria de Gonzaga se mostrará constantemente ciosa de sua autoridade.

Por essa razão, a nova Priora decide acumular seu cargo com o de mestra das noviças, nomeando Irmã Teresa sua adjunta na formação das jovens religiosas. Na verdade, a responsabilidade do noviciado irá recair sobre Teresa. Muito embora não tenha o título nem a autoridade pertinentes a este encargo, dedica-se de corpo e alma à sua função junto àquelas a quem chama de "suas ovelhas". Entretanto, nada é fácil.

> Percebi logo que a missão estava acima de minhas forças. Abandonei-me então nos braços de Deus como uma criança e disse-lhe: Senhor, sou por demais pequenina para alimentar vossas crianças. Se quiserdes conceder, em meu lugar, aquilo que convém a cada uma, substituí minha mão e sem retirar vosso braço, sem afastar a cabeça, entregarei vossos tesouros à alma que me vier pedir seu alimento.

1896 – Teresa "sacristã" com suas irmãs e sua prima

Teresa compreende que sua maneira de conduzir as noviças nem sempre é apreciada por todas e, a propósito, escreve à sua Priora:

> Sei muito bem que as pequenas ovelhas me acham severa. Se lessem estas linhas, diriam que parece não importar, absolutamente, correr atrás delas, falar-lhes em tom severo [...]. Poderão dizer tudo o que quiserem. No fundo, sabem que as amo com amor verdadeiro [...]. Estou pronta a dar minha vida por elas, mas minha afeição é tão sincera, que não desejo que saibam disso. Com a graça de Jesus, jamais tentei conquistar o coração delas. Entendi que minha missão consistia em conduzi-las a Deus [...]. A oração e o sacrifício são as fontes de toda a minha força...

A fé posta à prova

Teresa sempre viveu com uma fé tranquila e segura, em uma família profundamente religiosa e, posteriormente, no ambiente de fervor do Carmelo, jamais permitiram que nela surgisse qualquer dúvida sobre qualquer verdade da fé. Eis, contudo, que em abril de 1896, tudo oscila em seu interior. Perde brutalmente a certeza da existência de Deus e principalmente da vida eterna, que se segue à morte. Perde, pelo menos, aquela certeza serena, senão sensível, embora conserve o essencial, que constitui a verdadeira fé, uma fé voluntária, combativa e vitoriosa, uma fé tal como São João da Cruz a descreveu, uma luz humilde, mas que treva alguma poderá apagar. Eis a narração de Teresa:

> Jesus me fez sentir, nos dias tão resplandecentes do tempo pascal (abril de 1896), que realmente existem almas sem fé [...]. Ele permitiu que minha alma fosse tomada pelas mais densas trevas, e que o pensamento do céu, sempre tão doce para mim, não representasse senão um motivo de luta e de tormento [...]. Eu gostaria de expressar o que eu sinto, mas, ai de mim!

É impossível. Seria preciso viajar por este túnel sombrio para compreender-lhe a obscuridade [...]. Toda vez que eu quero repousar meu coração fatigado pelas trevas, envolvendo-o na recordação do lugar luminoso a que eu aspiro, meu tormento redobra. A mim me parece que as trevas, tomando emprestada a voz dos pecados, escarnecendo de mim, dizem: "Tu sonhas com a luz, com uma região perfumada, tu sonhas com a posse eterna do Criador destas maravilhas, tu acreditas libertar-te um dia do nevoeiro que te circunda! Vai, vai ao encontro da morte que te dará não o que esperas, mas uma noite ainda mais profunda, a noite do nada".

Qual é sua reação a esta dolorosa prova que irá se prolongar quase continuadamente até sua morte? Teresa reage, de um lado, reafirmando a fé com todo o potencial de sua inteligência e de sua vontade; de outro, oferecendo seu sofrimento interior pelos incrédulos e pecadores, como escreve em 1897:

Acredito ter feito mais atos de fé durante um ano do que durante toda a minha vida. A cada nova luta, tão logo meu inimigo me provoca [...], volto as costas a meu adversário, sem sequer me dignar olhá-lo na face. Corro para meu Jesus, declarando estar pronta a derramar a última gota de meu sangue para confessar que existe um céu [...]. Apesar desta prova que me priva de todo gozo, ainda assim consigo escrever: "Pois tu me alegras com teus atos, eu exulto com as obras de tuas mãos" (Sl 91). Existe, acaso, uma alegria maior que a de sofrer por vosso amor? [...]. Não obstante o véu da fé, este para mim já não é um véu, e sim um muro que se eleva até aos céus, cobrindo o firmamento estrelado... Quando eu canto a felicidade do céu, a posse eterna de Deus, não experimento alegria alguma, pois canto simplesmente aquilo em que quero crer [...]. Jamais havia sentido tão bem o quanto o Senhor é doce e misericordioso. Ele não me enviou esta prova a não ser no momento em que tive a força de suportá-la.

Ao mesmo tempo em que luta para firmar sua fé, Teresa intercede pelos pecadores e principalmente pelos incrédulos, aqueles que, abusando da graça, perdem o precioso dom da fé:

Senhor, vossa criança vos pede perdão por seus irmãos, aceitando alimentar-se do pão da dor pelo tempo que vós quiserdes, e não quer de modo algum levantar-se desta mesa cheia de amargura, onde comem

1896

os pobres pecadores, enquanto aguardam o dia que vós estabelecestes para eles... Possa igualmente esta vossa criança dizer em seu próprio nome e em nome de seus irmãos: Tende piedade de nós, Senhor, porque somos pobres pecadores! Oh, Senhor, retornai-nos justificados... Que todos quantos nunca foram aclarados pela chama luminosa da fé, que, finalmente, a vejam... Oh, Jesus, se preciso for que a mesa por eles enlameada seja purificada por uma alma que vos ama, estou pronta a me alimentar tão somente do pão da provação até quando houverdes por bem introduzir-me em vosso Reino luminoso.

Teresa jamais deixou transparecer o menor grau de amargura. Quando de sua última doença, alguém lhe disse: "A vida é triste". Ela, então, responde:

O exílio é que é triste, e não a vida. Há que reservar este lindo nome de vida àquele que jamais morrerá, além do que, uma vez reunidos a ele, imediatamente após esse mundo, a vida já não será triste, mas alegre, muito alegre!

E confidencia à Priora:

A senhora bem sabe que o bom Deus dignou-se fazer com que minha alma passasse por tipos diversos de provações. Desde que estou sobre a terra, já sofri muito. Entretanto, se durante minha infância sofri com tristeza, o mesmo não acontece agora: sofro com alegria e em paz [...]. É doce servir ao bom Deus, envoltos na noite da provação: para viver de fé, não há outro caminho!

1896 – Na alameda das castanheiras

Manifestação da doença

(Páscoa – 1896)

Teresa é uma pessoa robusta e de constituição vigorosa. Chegou-se até a pensar em enviá-la como reforço para a pequena comunidade do Carmelo de Saigon, no Vietnã. Esse Carmelo fora fundado pelo de Lisieux e para lá havia partido uma religiosa após a entrada de Teresa no mosteiro. Ademais, seu sonho missionário é ainda alimentado pela correspondência que mantém com aquele a quem chama seu irmão, Padre Roulland, que se encontra atualmente na China.

> Queria percorrer a terra para pregar teu nome [Senhor] e implantar tua cruz gloriosa sobre o solo dos infiéis. Todavia, oh, meu bem-amado, eu não me contentaria com apenas uma missão. Quereria anunciar o Evangelho, a um só tempo, em todos os continentes, até mesmo nas ilhas mais afastadas... Queria ser missionária não apenas por alguns anos, mas queria ter sido desde a criação até o fim do mundo, até a consumação dos séculos.

Entretanto, na noite de Quinta-feira Santa, 3 de abril de 1896, ao deitar-se, foi surpreendida por vômitos de sangue. No dia seguinte, repetiu-se o mesmo fato. Alguns dias mais tarde, após uma consulta realizada no locutório do mosteiro, o médico, que não pôde sequer proceder a uma auscultação séria, diagnostica uma simples lesão na garganta e prescreve um tratamento banal. Teresa parece restabelecer-se.

Em novembro, surge novamente a possibilidade de uma partida para a Indochina. Mas ela começa a tossir e sua saúde piora visivelmente. A Priora concede um rescaldeiro, para que ela não sinta tanto frio em seu quarto. Teresa graceja: "Os santos entraram, no céu com seus instrumentos de penitência. Quanto a mim, entrarei com meu rescaldeiro". Recebe um tratamento médico tão rigoroso quanto ineficaz: respiratórios, vesicatórios, fricções com luvas de crina.

Ela fica esgotada, mas tem que se levantar tanto quanto pode, principalmente para a missa e para as reuniões da comunidade. Ela compõe ainda alguns poemas para o Natal e para a festa dos Santos Inocentes e fá-los recitar pelas noviças. Os pequenos mártires inspiram-lhe uma comparação com ela própria: eles também tinham as mãos vazias e mesmo assim foram acolhidos no amor de Deus.

1896

Durante a Quaresma, esforça-se por participar ainda dos ofícios comunitários. Celebra-se a profissão religiosa de Irmã Maria da Eucaristia, sua prima. Teresa lhe dedica uma canção, que contém o seguinte verso: "Devo lutar sem repouso e sem tréguas". Essa será a última festa da qual Teresa poderá participar em companhia de suas Irmãs.

Em abril, recomeçam os escarros de sangue, a tosse a sacode em acessos prolongados, a febre a consome todas as noites. Aos poucos, abandona todas as atividades comunitárias, os ofícios no coro, os trabalhos de conservação da casa ou da rouparia e até as recreações. Escreve ao Padre Bellière, que se prepara para partir para a África, e ao Padre Roulland, que está na China, e reza por eles, oferece seu sofrimento por eles. No claustro, enquanto anda cambaleante, uma Irmã lhe sugere que vá repousar, ao que ela responde: "Eu vou, mas por um missionário".

Apesar de tudo, continua escrevendo poesias, nas quais derrama toda a sua alma. Para responder à pergunta de uma carmelita de Paris, ela compõe "A rosa desfolhada", cujo simbolismo irá inspirar o célebre retrato pintado por sua irmã Celina, representando-a com um crucifixo e um ramalhete de rosas nos braços. O pensamento de Teresa, porém, tem uma força diferente:

Senhor, sobre teus altares,
mais do que brilha uma fresca rosa;
se oferece a ti... mas eu quero outra coisa:
quero, sim, me desfolhar.

[...]

Porém, desfolhada, a rosa é lançada
simplesmente
ao capricho do vento.
Uma rosa desfolhada sem afetação
se entrega totalmente
para não mais existir,
como a rosa, e feliz, me abandono
a ti inteiramente...

A religiosa a quem o poema é dedicado não o compreende. Reclama por uma conclusão mais otimista, que Teresa jamais escreverá. Verdade é que esse texto pode ser interpretado como uma espécie de fatalismo diante da morte, e até mesmo niilismo. Não obstante, aquilo que faz do abandono de Teresa um ato de fé verdadeira é o fato de se dirigir diretamente a Cristo. O mesmo é questionado até no texto do "Menino Jesus" e se naquele falta algo do sopro poético do fragmento, o outro reconduz o leitor à contemplação do mistério do Verbo Encarnado, em que Teresa lê um prenúncio da paixão de seu Salvador. Não é sem motivo que ela assina sempre Irmã Teresa do Menino Jesus e da Santa Face, unindo o vulto do Menino

Jesus ao do crucifixo. A rosa desfolhada nada mais é do que ela própria, abandonando-se inteiramente à vontade do Pai, como Jesus ao aceitar a cruz por amor e para salvar o mundo.

Outra religiosa pede a ela um pequeno poema sobre o abandono. Neste, a inspiração poética de Teresa é menos aparente:

> Entrega-me o abandono tão somente,
> ó Jesus, nos braços teus.
> É o que me faz viver eternamente
> dos eleitos a vida nos céus.

O pensamento, no entanto, é igualmente profundo e coerente com sua própria experiência. Teresa sabe que o abandono não é obra daquele que quer, nem daquele que corre, e sim de Deus, que faz misericórdia. Ela se considera totalmente abandonada nas mãos de Deus, mas vê nisso exclusivamente a ação da graça:

> Agora, eu estou [no abandono]: o bom Deus me colocou, tomou-me em seus braços e lá me pôs...

O mês de maio é, tradicionalmente, consagrado a Maria. De seu "ócio" forçado, Teresa compõe um longo poema de 200 versos, intitulado: "Por que te amo, ó Maria". Ela havia confidenciado sua irritação diante das hipérboles lisonjeadoras de certos pregadores, declarando que para ela Maria era mais mãe que rainha. Pode-se dizer, lendo seu poema, que Maria aparece mais como alguém que crê do que como mãe. O roteiro de sua meditação é fornecido simplesmente pela trama evangélica de todos os episódios concernentes a Maria. Assim sendo, após a evocação do menino perdido e encontrado no Templo, escreve:

> Mãe, teu doce filho quer que sejas
> o exemplo da alma que te busca na noite
> da fé.

E, diante da angústia da mãe, em que reconhece algo de suas próprias angústias, emite estes dois versos que contêm exatamente tudo quanto a provação lhe revelou:

> Maria, sofrer sobre a terra é, então, um bem?
> Sim, sofrer amando é a mais pura felicidade!

Prossegue, depois, com as seguintes palavras que expressam ainda sua doutrina acerca do abandono:

> Tudo quanto me deu, Jesus pode retomar.
> Diz-lhe que não se preocupe comigo.
> Ele pode se esconder, estou disposta a esperar
> até o dia sem poente em que se apagará
> minha fé...

1897

Este último verso faz uma alusão a São Paulo, o qual afirma que, com a morte, a fé desaparece, para ser substituída pela visão clara de Deus. Citemos ainda:

Amar é tudo doar
e doar a si mesmo.

Na última estrofe, fazendo uma alusão à intervenção pessoal da Virgem Maria em sua doença de adolescente, ela manifesta uma humilde esperança:

Muito breve, no belo céu, irei te contemplar
Tu, que vieste me sorrir, na manhã de minha vida,
Vem me sorrir de novo... Mãe...
Eis que chega a noite.

Nestes dias de provação interior e de sofrimento físico intenso, Teresa relê todos os seus escritos como que em busca de conforto, reavivando a lembrança de todas as graças recebidas. Tem consciência da necessidade de preparar-se para a morte e o faz com total serenidade:

Já não desejo mais morrer, que viver. Se tivesse que escolher, preferia morrer. Porém, já que quem escolhe para mim é o bom Deus, prefiro o que ele quiser. O que ele faz é o que eu amo.

A paixão de Teresa

(junho-setembro 1897)

As visitas à enferma são autorizadas com maior frequência pela Priora, notadamente as de Madre Inês de Jesus. Esta se dá conta da gravidade da doença de Teresa. Torna-se cada vez mais evidente que ela está corroída pela tuberculose, e não existia, na época, qualquer recurso que permitisse combater seriamente o terrível mal.

Foi então que Madre Inês, encantada com a leitura das memórias que havia pedido a Teresa de escrever, enche-se de coragem para enfrentar sua difícil sucessora. Certa noite, muito tarde, vai ter com ela e diz: "Madre, é-me impossível dormir sem antes lhe confiar um segredo: enquanto fui Priora, Irmã Teresa escreveu, para me dar prazer e por obediência, algumas memórias de sua infância. Eu as reli outro dia e concluí que a senhora não conseguirá encontrar nelas muita coisa que possa ser útil para elaborar a circular após a morte dela, pois não há nada a respeito da vida religiosa. Se a senhora ordenar, ela poderá escrever algo mais proveitoso para essa finalidade e eu não tenho qualquer dúvida de que o resultado será

Caderno de Teresa, ampulheta e lanterna

incomparavelmente melhor do que o material que eu possuo".

No dia seguinte, 3 de junho, Madre Maria de Gonzaga pede a Teresa que continue a escrever. Teresa põe mãos à obra, escrevendo a lápis, num caderno de capa preta. Dirige-se diretamente à sua Priora:

> É com a senhora, mãe bem-amada, é para atender a seu desejo que vou tentar colocar por escrito os sentimentos da minha alma, meu reconhecimento para com o bom Deus...

Desculpa-se antecipadamente por sua simplicidade:

Coloco-me como sua filha, porque a senhora não me trata como Priora, mas como mãe.

Prossegue sem plano preestabelecido, falando de seu caminho simples, feito de confiança, de sua dificuldade na ordem da fé e principalmente de seu amor por aquele a quem chama amiúde de "bem-amado", "meu esposo", isto é, Jesus. Ela concluirá seu texto com uma série de considerações sobre a caridade fraterna, nas quais deixa escapar, com frequência, uma ponta de humor. A redação do manuscrito inacabado cessa a 11 de julho de 1897. Termina com duas palavras: "a confiança e o amor".

Durante todo o mês de junho, final de primavera no Hemisfério Norte, Teresa passa a maior parte do tempo num pequeno banco de jardim. Ela é removida do claustro e levada para baixo, para que possa tomar um pouco de ar, ou então é conduzida ao jardim, instalada na velha cadeira de rodas de seu pai. Mostra-se tranquila quando as Irmãs a visitam, até mesmo alegre. Não hesita, todavia, em evocar sua morte. A comunidade dá início a uma novena a Nossa Senhora das Vitórias para pedir sua cura, mas ela contesta:

Oh! minhas Irmãzinhas, estou feliz! Sinto que vou morrer muito em breve e agora

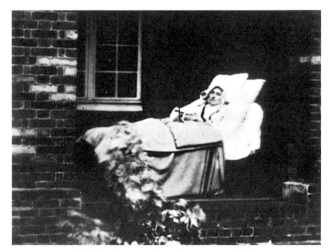
1897 – Teresa doente, em seu leito

tenho certeza disso. Não estranhem se não lhes aparecer depois de minha morte e se nada virem de extraordinário como sinal de minha felicidade. Vocês se lembrarão de que este é meu caminho simples: nada desejar ver.

Ademais, durante esta mesma novena, Teresa escreve à sua Priora:

> De bom grado ficaria doente toda a minha vida, se isso agradasse ao bom Deus. Estou até de acordo com que seja muito longa. Desejo tão somente uma graça: que a minha vida toda seja conduzida pela brisa do amor.

No início de julho, Teresa é acometida de terríveis hemoptises e tem que descer de sua cela para a enfermaria, amplo recinto localizado no andar térreo, onde fica mais fácil ser cuidada e visitada.

Madre Inês obtém permissão para passar o horário dos ofícios e das recreações junto da irmã. Sua principal enfermeira é Irmã Genoveva. Madre Inês adquiriu o hábito de anotar numa cadernetinha tudo quanto a doente lhe diz e que lhe parece ter alguma importância. Eis alguns resumos dessas confidências recolhidas no dia a dia:

4 de junho – Minhas Irmãzinhas, não tenham pena se estou sofrendo muito e se não virem em mim, como já lhes disse, nenhum indício de felicidade no momento de minha morte. Nosso Senhor morreu vítima de amor e vejam qual não foi sua agonia!

9 de junho – Já não tenho grandes desejos, a não ser o de amar até morrer de amor.

22 de junho – Mesmo que tivesse realizado todas as obras que São Paulo cumpriu, eu me consideraria "servo inútil", mas é justamente isto que me dá alegria, porque em nada possuindo, tudo receberei das mãos do bom Deus.

11 de julho – Poder-se-ia acreditar que é porque nunca pequei que tenho uma con-

fiança tão grande no bom Deus. Diz bem, minha mãe, que se eu tivesse cometido todos os crimes possíveis, teria sempre a mesma confiança. Sinto que toda esta multidão de ofensas seria como uma gota d'água lançada num braseiro ardente.

17 de julho – Sinto que vou entrar em repouso... Sinto, sobretudo, que minha missão vai começar: minha missão de fazer com que o bom Deus seja amado como eu o amo, de dar minha vida pelas almas. Se o bom Deus satisfaz meus desejos, passarei meu céu sobre a terra até o fim do mundo. Sim, quero passar meu céu fazendo o bem sobre a terra. Isto não é impossível, pois que no próprio seio da visão beatífica, os anjos velam sobre nós.

Não posso me permitir uma festa de prazer, não posso descansar enquanto houver almas a salvar... Mas quando o anjo disser: "O tempo está esgotado!", então descansarei, poderei gozar, pois que o número dos eleitos estará completo e todos entrarão no gozo e no repouso. Meu coração estremece a esse pensamento.

3 de agosto – Como alcançar esta paz inalterável, que é sua partilha?

Eu me olvidei e me esforcei por não me inquirir no que quer que seja.

10 de agosto – Se soubessem quão horríveis pensamentos me atormentam! Rezem por

mim, a fim de que eu não escute o demônio, que quer me persuadir com tantas mentiras. O raciocínio dos piores materialistas é o que se impõe a meu espírito: "Mais tarde, obtendo novos progressos sem cessar, a ciência explicará tudo naturalmente, teremos a razão absoluta de tudo quanto existe, restando, porém, ainda um problema, pois que há ainda muitas coisas a serem descobertas..." etc.

Setembro – Nosso Senhor morreu sobre a cruz entre angústias, e eis a mais bela morte de amor. É a única coisa que já vi.

Em setembro, já está reduzida ao que ela própria chama, ainda sorrindo, "um esqueleto". Não tem sequer a força necessária para fazer um sinal da cruz. E, apesar de tudo, ela sorri. Docemente, geme:

Falta-me o ar da terra. Quando será que o bom Deus irá me conceder o ar do céu? Nunca vou saber morrer...

A 29 de setembro, fica em estado de estertor. No dia seguinte, retoma a consciência e, muito agitada, pede renovadas vezes: "Preparem-me para morrer bem". Recitam-se as preces dos agonizantes. Suas irmãs sugerem invocações. Depois do meio-dia, ela ainda confidencia à Madre Maria de Gonzaga:

Parece-me jamais ter buscado senão a verdade. Sim, eu compreendo a humildade de coração... Parece-me que sou humilde.

Por volta das 17 horas, ela parece pior. Toca-se o sino para reunir a comunidade em torno dela. Eis a narração destes últimos instantes, feita por sua irmã mais velha, Madre Inês de Jesus: "Por volta das 5 horas, eu estava sozinha junto dela. Suas faces mudaram repentinamente e compreendi que era a última agonia".

Assim que a comunidade entrou na enfermaria, ela acolheu todas as Irmãs com um doce sorriso. Tinha seu crucifixo e o contemplava constantemente. Durante duas horas, um estertor terrível dilacera seu peito. Seu olhar estava congestionado, as mãos arroxeadas, os pés gelados e tremia da cabeça aos pés. Um suor abundante vertia em enormes gotas sobre sua fronte e escorria sobre as faces...

Em dado momento, parecia estar com a boca tão ressecada que Irmã Genoveva, pensando em aliviá-la, colocou sobre os seus lábios um pequeno pedaço de gelo. Ela o aceitou com um sorriso inesquecível. Foi como um supremo adeus.

Às 6 horas, ao soar o *Angelus*, ela olha demoradamente para a estátua da Santa Virgem. Finalmente, alguns minutos depois das

7 horas, tendo a Madre reunido a comunidade, ela suspira:

– Minha mãe! Ainda não é a agonia?... Não vou morrer?...
– Sim, minha pobre pequena, é a agonia, mas pode ser que o bom Deus queira prolongá-la por algumas horas.

Ela replica corajosamente:

– Está bem!... Vamos!... Vamos!... Oh! Eu não queria sofrer, ao menos por tão longo tempo.

E olhando para seu crucifixo:

– Oh! Eu o amo!... Meu Deus! Eu vos amo...

De repente, tendo pronunciado essas palavras, tomba docemente o corpo para trás, a cabeça inclinada para a direita. A Madre fez soar rapidamente o sino da enfermaria para chamar a comunidade. "Abram todas as portas", diz ela ao mesmo tempo. Nestas palavras, havia qualquer coisa de solene que levou as Irmãs a pensar que no céu o bom Deus dizia a mesma coisa a seus anjos.

As Irmãs tiveram ainda tempo de se ajoelhar diante do leito e foram testemunhas do êxtase da pequena santa agonizante. Seu semblante tomou a tez de um lírio, como o era quando em gozo de plena saúde, e os olhos, fixos no alto, tinham um brilho de paz e de alegria. Esse êxtase durou aproximadamente o tempo da recitação de um Credo, quando então ela exalou o último suspiro.

1897 – O velório de Teresa, no coro do convento

Santa Teresa

Era costume, nos Carmelos, após a morte de uma Irmã, enviar uma "circular" aos outros mosteiros da Ordem. Tratava-se de uma pequena biografia ou retrato espiritual da falecida. Madre Inês e Madre Maria de Gonzaga haviam pedido a Teresa que escrevesse suas memórias, onde encontrariam os argumentos para redigir tal circular. Teresa, no entanto, havia feito muito mais.

Em julho de 1897, Madre Inês lhe propõe organizar um livro a partir dessas notas. Teresa não descarta tal possibilidade. Depois de tudo, se essas páginas pudessem fazer o bem, isso a deixaria feliz. Pede, porém, a Madre Inês que lhes dê seu próprio cunho, corrigindo, acrescentando ou suprimindo, a seu critério.

Certo dia, Madre Inês pede a sua irmã que releia uma passagem que lhe parece exigir correção. Nesta leitura, Teresa é novamente tomada de muita emoção:

> O que reli neste caderno é exatamente o retrato de minha alma! Minha Madre, estas páginas farão um grande bem. Lendo-as,

conhecer-se-á melhor a doçura do bom Deus...

E acrescenta, com uma clareza profética estupefaciente:

Ah! Sei muito bem. O mundo inteiro me amará... Uma obra muito importante... Mas, atenção: servirá para todos os gostos, excetuando os que seguem as vias extra-ordinárias.

Logo após a morte de sua jovem irmã, Madre Inês põe mãos à obra. Com os escritos deixados por Teresa, a bem dizer vastamente retocados em numerosos detalhes, compõe um volume de aproximadamente 500 páginas. Tio Guérin encarrega-se da impressão e, dia após dia, decorrido um ano da morte da pequena carmelita, surge um belo volume, *História de uma alma*, com uma tiragem de 2 mil exemplares. O sucesso é fulminante. Torna-se necessário reimprimir rapidamente. A obra é traduzida para todas as línguas da Europa e, inclusive, para o japonês. As cartas chegam às centenas, e depois aos milhares, ao mosteiro de Lisieux. Relatam inúmeras graças, conversões e curas obtidas por intercessão da "Irmã Teresinha". Começa-se a falar em canonização, para grande espanto das Irmãs de Lisieux, que jamais haviam pensado em tal hipótese...

O claustro do Carmelo,
hoje com a estátua de Santa Teresa

Todavia, o Papa Pio X leu *História de uma alma* e foi por ela conquistado. Em 1907, ele não hesita em citar Teresa como "a maior santa dos tempos modernos". E têm início as diligências exigidas para um processo de canonização. A guerra deflagrada em 1914 retarda o andamento do processo. Não obstante, a 17 de maio de 1925, Pio XI proclama solenemente a santidade de Irmã Teresa do Menino Jesus e da Santa Face. Dois anos mais tarde, ela é também proclamada padroeira principal das missões de todo o universo, ainda que, assim como São Francisco Xavier, ela jamais tenha deixado seu claustro, mas desejado ardente-

A Basílica de Lisieux,
dedicada a Santa Teresa

mente manter-se missionária de coração até a consumação dos séculos.

Após o surgimento de *História de uma alma*, multiplicaram-se os trabalhos sobre Teresa. Dezenas de livros analisaram seu procedimento no caminho espiritual. Passados trinta anos, procedeu-se a um trabalho muito rígido para reencontrar o texto original de seus escritos, resgatando-o das correções de Madre Inês. Parece-nos mais forte e mais carregado de verdade. Paralelamente, localizaram-se as fotografias autênticas de Teresa, tiradas por sua irmã Celina. Ao lado dos retratos oficiais, quase inexpressivos, que se haviam espalhado aos milhares, nas fotos originais o rosto de Teresa se apresenta sem qualquer afetação, e com aspecto grave, forte e sereno.

Atualmente, as preces são dirigidas a Teresa não apenas em Lisieux, mas no mundo inteiro. Seu caminho simples de confiança e amor foi proposto a todos os cristãos, em todas as línguas. Disseminadas pelo mundo inteiro, milhares de igrejas são a ela dedicadas.

Conforme afirmava sorrindo Pio XI, Teresa tornou-se "a criança querida do mundo".

Bibliografia

Escritos sobre Teresa

Edições populares

Derniers entretiens. "J'entre dans la vie". Paris: Cerf-DDB.

Histoire d'une Ame; manuscrits autobiographiques. Paris: Cerf-DDB.

Lettres de Thérèse, "Une course de géant". Paris: Cerf-DDB.

Poésies. Paris: Cerf-DDB.

Edições críticas, com notas

Correspondance générale. Paris: Cerf-DDB. [Cartas de Teresa e de seus correspondentes, com introdução e notas, em 2 volumes.]

Derniers entretiens. Paris: Cerf-DDB. [Edição com introdução e notas, e o volume *Annexes* – sinopse das quatro versões dos entretenimentos de Madre Inês.]

História de uma alma. 4. ed. São Paulo: Paulinas, 2011. [Nova edição crítica, organizada por Conrad De Meester, traduzida por Jaime A. Clasen.]

Manuscrits autobiographiques. Lisieux: OCL. [Edição fac-similar, com notas, em 3 volumes.]

Poésies. Paris: Cerf-DDB. [Edição em 2 volumes, com notas.]

Pensées. Paris: Cerf. [Uma breve antologia das obras, em três pequenos volumes, organizada por Conrad De Meester. Coleção "Foi vivante".]

Soeur Geneviève, couseils et souvenirs. Paris: Cerf. [Coleção "Foi vivante".]

Uma biografia notável

GLAUCHER, Guy. *Histoire d'une vie, Thérèse Martin.* Paris: Cerf.

Três livros-chave

DE MEESTER, Conrad. *Les mains vides. Le message de Thérèse de Lisieux.* Paris: Cerf. [Coleção "Foi Vivante".]

LIAGRE. *Retraite avec Sainte Thérèse de Lisieux.* Lisieux.

SION, Victor. *Réalisme spirituel de Thérèse de Lisieux.* Paris: Cerf. [Coleção "Foi Vivante".]

Álbum de fotos autênticas

Visage de Thérèse de Lisieux. Sede Central de Lisieux.

Livros relacionados a Santa Teresinha, publicados por Paulinas Editora

BASACCHI, Mario. *Santa Teresinha do Menino Jesus: novena e biografia.* 9. ed. São Paulo: Paulinas, 2011.

DI BERARDINO, Frei Pedro Paulo. *A experiência de Deus em Santa Teresinha.* São Paulo: Paulinas, 2008.

MONGIN, Hélène. Luís e Zélia Martin: os bem-aventurados pais de Santa Teresinha. São Paulo: Paulinas, 2011.

TADA, Cecilia. *A pequena via de Teresa de Lisieux: itinerário de pobreza espiritual.* São Paulo: Paulinas, 2011.

_____. *Teresa de Lisieux: síntese harmoniosa da Natureza e Graça.* São Paulo: Paulinas, 2011.

Para crianças

PERROTTI, Edmir. *Teresinha de Jesus.* 3. ed. São Paulo: Paulinas, 2010.

SKIBEL, Maria. *Teresa de Lisieux.* São Paulo: Paulinas, 2001.

Peregrinação

Alençon

Casa onde nasceu Santa Teresinha.
Endereço: 42, rue Saint-Blaise

Igreja Notre Dame

Lisieux

Les Buissonnets

Capela do Carmelo

Sala das relíquias

Catedral de São Pedro

Administração de Peregrinações.
Endereço: 33, rue do Carmelo, BP 95, 14102
Lisieux

Na cripta da basílica, é projetado permanentemente um filme sobre Teresa, de Philippe Agostini e P. François de Sainte-Marie.

Sumário

A primeira infância 5

"Les Buissonnets".. 11

Carmelo: o primeiro chamado 15

Frágil adolescência.. 19

Uma vocação que se solidifica 23

De Roma ao Carmelo 29

O Carmelo de Lisieux 33

Noviça (1888-1890)... 39

Dois anos de silêncio (1891-1892)..................... 49

A nova Priora: Madre Inês (1893-1896)............. 53

Um caminho simples e reto 63

Uma oferenda ao amor... 69

Reeleição de Madre Maria de Gonzaga (1896)..... 79

A fé posta à prova 83

Manifestação da doença (Páscoa – 1896)........... 89

A paixão de Teresa (junho-setembro 1897)......... 99

Santa Teresa.. 109

Bibliografia 115

Rua Dona Inácia Uchoa, 62
04110-020 – São Paulo – SP (Brasil)
Tel.: (11) 2125-3500
http://www.paulinas.com.br – editora@paulinas.com.br
Telemarketing e SAC: 0800-7010081